ŒUVRE DE PROPAGANDE RÉPUBLICAINE

S'ADRESSANT SURTOUT AUX ÉLECTEURS SÉNATORIAUX

LES

PRIÈRES RÉPUBLICAINES

DU CITOYEN XILÉAS

publiées dans le journal *La Victoire* en 1870
pendant la guerre et servant d'introduction au Petit Catéchisme
des États Unis d'Europe

Par CRESPY-NOHER

SE TROUVE A BORDEAUX

A LA LIBRAIRIE RANCE-PARIS

149, COURS DES FOSSÉS, 149

ET CHEZ LES PRINCIPAUX LIBRAIRES

1875

CALENDRIER ROMAIN

pour l'année 1876

1er Trimestre. HIVER

	JANVIER	FÉVRIER	MARS
Samedi	1 8 15 22 29	» 5 12 19 26	» 4 11 18 25
Dimanche	2 9 16 23 30	» 6 13 20 27	» 5 12 19 26
Lundi	3 10 17 24 31	» 7 14 21 28	» 6 13 20 27
Mardi	4 11 18 25 »	1 8 15 22 29	» 7 14 21 28
Mercredi	5 12 19 26 »	2 9 16 23 »	1 8 15 22 29
Jeudi	6 13 20 27 »	3 10 17 24 »	2 9 16 23 30
Vendredi	7 14 21 28 »	4 11 18 25 »	3 10 17 24 31

2e Trimestre. — PRINTEMPS

	AVRIL	MAI	JUIN
Samedi	1 8 15 22 29	» 6 13 20 27	» 3 10 17 24
Dimanche	2 9 16 23 30	» 7 14 21 28	» 4 11 18 25
Lundi	3 10 17 24 »	1 8 15 22 29	» 5 12 19 26
Mardi	4 11 18 25 »	2 9 16 23 30	» 6 13 20 27
Mercredi	5 12 19 26 »	3 10 17 24 31	» 7 14 21 28
Jeudi	6 13 20 27 »	4 11 18 25 »	1 8 15 22 29
Vendredi	7 14 21 28 »	5 12 19 26 »	2 9 16 23 30

3e Trimestre. — ÉTÉ

	JUILLET	AOUT	SEPTEMBRE
Samedi	1 8 15 22 29	» 5 12 19 26	2 9 16 23 30
Dimanche	2 9 16 23 30	» 6 13 20 27	3 10 17 24 »
Lundi	3 10 17 24 31	» 7 14 21 28	4 11 18 25 »
Mardi	4 11 18 25 »	1 8 15 22 29	5 12 19 26 »
Mercredi	5 12 19 26 »	2 9 16 23 30	6 13 20 27 »
Jeudi	6 13 20 27 »	3 10 17 24 31	7 14 21 28 »
Vendredi	7 14 21 28 »	4 11 18 28 1 s	8 15 22 29 »

4e Trimestre. — AUTOMNE

	OCTOBRE	NOVEMBRE	DÉCEMBRE
Samedi	» 7 14 21 28	» 4 11 18 25	2 9 16 23 30
Dimanche	1 8 15 22 29	» 5 12 19 26	3 10 17 24 31
Lundi	2 9 16 23 30	» 6 13 20 27	4 11 18 25 »
Mardi	3 10 17 24 31	» 7 14 21 28	5 12 19 26 »
Mercredi	4 11 18 25 »	1 8 15 22 29	6 13 20 27 »
Jeudi	5 12 19 26 »	2 9 16 23 30	7 14 21 28 »
Vendredi	6 13 20 27 »	3 10 17 24 1 D	8 15 22 29 »

ŒUVRE DE PROPAGANDE RÉPUBLICAINE

LES PRIÈRES RÉPUBLICAINES

DU CITOYEN XILÉAS

publiées dans le journal *La Victoire* en 1870
pendant la guerre et servant d'introduction au Petit Catéchisme
des États Unis d'Europe

Par CRESPY-NOHER

SE TROUVE
CHEZ TOUS LES PRINCIPAUX LIBRAIRES

1875

NOTE DE L'AUTEUR

Bien que la première moitié de ce livre ne soit que la reproduction d'articles publiés dans le petit journal la *Victoire* pendant la guerre de 1870, on a cru néanmoins devoir *supprimer certains passages* ET LES REMPLACER PAR DES POINTS, attendu que ces passages auraient pu être considérés, malgré leur antériorité, comme des attaques a la Constitution du 25 février 1875, pour laquelle tout républicain doit professer le plus grand respect, quelles que soient les *imperfections* qu'elle renferme.

Crespy NOHER.

PRIÈRES

I

LE PATER RÉPUBLICAIN

Dieu tout puissant, unique conservateur de tout et de tous ; toi qui nous a tirés du néant ; toi seul maître réellement légitime ; seul roi, seul monarque réellement souverain, universellement reconnu, universellement obéi dans l'immense Univers, toi que nous appelons NOTRE PÈRE et qui nous appelles TES ENFANTS : nous t'adorons, nous te vénérons, nous t'implorons, nous te supplions, nous te remercions, nous te bénissons !

Être suprême, esprit supérieur à tous les esprits, infiniment parfait, réellement omnipotent, daigne écouter nos vœux, nos prières, et surtout daigne les exaucer.

Dieu grand, principe de la lumière, créateur de l'immense soleil, de l'immense foyer de clarté et de chaleur, toi qui a pensé à l'homme ta créature, en disant : *Fiat lux*! *que la lumière soit :* fais que les lumières de la vérité se répandent et pénètrent partout dans le monde, depuis le palais du riche jusqu'à la cabane du pauvre ; depuis la science superbe du savant, jusqu'à la crédulité obstinée de l'ignorant ; dissipe en tous lieux les ténèbres pernicieuses de l'ignorance, de l'erreur et du préjugé si contraires à tous, si favorables à quelques uns, c'est-à-dire aux réactionnaires, aux ennemis de la République et de la démocratie.

Fiat lux ! Mets à jour toutes leurs ruses, dévoile tous leurs artifices, divulgue tous leurs mensonges, fais connaître toutes leurs perfidies monarchiques, anti républicaines, anti humanitaires; impose à tous les cœurs, à toutes les consciences, l'amour, la pratique et le respect de la Probité, de l'Honnêteté, de la Sincérité, de la Justice et de la Vérité !

Fiat lux ! Fais que partout les fourbes, les traîtres, les menteurs, les impudents, les parjures, les hypocrites soient honnis, conspués, méprisés, mystifiés, délaissés, mis à l'index, et que partout les paysans, leurs dupes, leurs victimes, soient éclairés, fixés et tenus en garde sur leur compte !

Fiat lux! Fais, Seigneur, que tout homme, tout citoyen français, que tout garçon, toute femme, toute fille sache lire et écrire, qu'il étudie et savoure un livre, au lieu d'étudier et de savourer un litre de vin, une queue de billard ou un jeu de cartes ! fais que tout citoyen, citadin ou paysan, connaisse ses droits et ses devoirs, qu'il maintienne les premiers, qu'il pratique les seconds, qu'il secoue son indifférence, qu'il s'arrache à sa torpeur, qu'il lise tous les jours, toutes les semaines son journal, son catéchisme politique, qu'il se prenne pour *quelque chose*, qu'il s'occupe et se préoccupe de sa part de souveraineté, c'est à dire des intérêts de la France et de l'humanité, qui sont les siens, qu'il devienne absolument capable d'écrire lui même son bulletin , et absolument incapable de subir, à ce sujet, la volonté, la pression ou la manœuvre d'autrui, de tomber dans les piéges tendus à sa simplicité, à son ignorance, à sa crédulité, sa naïve bonne foi.

Fiat lux ! Seigneur, répands ta lumière sur les iniquités des rois en général et de Bonaparte en particulier, afin que le peuple français reconnaisse bien qu'il avait mis sa confiance dans un scélérat, dans un chenapan, dans un indigne ! Fais connaître impitoyablement, à tous, *tous les vols*, tous les détournements, tous les pillages, toutes les malversations, tous les millions et les milliards soutirés pendant vingt ans, aux caisses publiques, aux contribuables, à la France, par les hauts fonctionnaires de l'empire, par cette bande de vautours, *arrivés minables au pouvoir* et aujourd'hui opulents et archi millionnaires.

Fiat lux! Fais que le peuple souverain voie! Fais qu'il aperçoive en idée par les fenêtres des palais impériaux ou royaux, toutes ces orgies, toutes ces débauches, tous ces Balthazars, grands et petits, gros, repus et ventrus, tous ces profanateurs de ton nom et de ton vote, tous ces parjures à leurs devoirs et à leurs serments ! Fais, Seigneur, que le peuple lise, comprenne et explique lui même sur les murailles, sur les lambris dorés, ton arrêt irrévocable, ton *mane*, *thecel*, *pharès*, qui les condamne à la dégradation, à l'infamie, au néant, qui les précipite de leurs trônes, qui les noie dans leurs dégoûtantes saturnales ! *Fiat lux* ! Fais au moins, Seigneur, nous t'en supplions, que par la suppression du trône et des dynasties, et par la substitution définitive de la République à la Monarchie, ce hideux spectacle ne se reproduise jamais en France à ta face et à celle de ton soleil.

Fiat lux ! Fais que le peuple voie, observe, sache et apprenne, de façon à ne plus se tromper et à ne plus être trompé sur les hommes et sur les choses, sur les candidats et sur leurs intentions; fais que les élus futurs de la prochaine *constituante* (il s'agissait alors des élections de 1871) soient tous de vrais républicains, de vrais patriotes, de vrais démocrates, de vrais honnêtes gens, cerclés de désintéressement et de loyauté, plus remarquables par leur capacité, par leur dévouement et par leur origine plébéienne, que par les particules et les vains titres dont ils aiment à se parer avec gloriole en public.

Fiat lux ! Fais que le nom des grands citoyens Thiers et Mac-Mahon ou autres ne devienne pas pour le peuple admirateur et reconnaissant une source d'erreurs irréparables. Fais, Seigneur, que si la coalition ou *cabale* monarchique appuyée, flanquée de ses grands journaux la *Province*, le *Courrier*, la *Guienne*, le *Journal de Bordeaux*, pour le département de la Gironde, cherche à faire passer à la faveur, et sous le couvert de ces noms glorieux, *l'ivraie* avec le bon grain, c'est à dire toute une liste de candidats à signification sinistre et opposée, fait que le peuple les *biffe* et les repousse résolûment, impitoyablement, agissant en cela en maître suffisamment instruit et suffisamment éclairé; ainsi du reste, que ne manqueront pas de le lui conseiller les sept journaux républicains, la *Gironde*, le *Petit Girondin*, le *Progrès des Communes*, l'*Avenir de Blaye* et le *Suffrage universel*.

Fiat lux ! Fais que le peuple ne se préoccupe plus de pratiquer, d'obtenir l'unanimité dans le vote ; fais lui comprendre, Seigneur, que l'unanimité c'est l'erreur ; que l'unanimité, l'ignorance seule et le défaut d'information peuvent la donner, fais lui comprendre qu'il a bien pu voter *oui* à l'unanimité *contre lui même*, étant, en cela, dupe de meneurs ayant des intérêts opposés aux siens, ou ne sachant ce qu'il faisait ; fais lui comprendre qu'il a ses ennemis, ses jaloux ; que le vote en faveur de sa souveraineté ne ralliera jamais tous les suffrages ; qu'il ne l'obtiendra jamais en faveur de sa *République*, c'est à dire de la chose publique ; que la logique s'y oppose; qu'il y en aura toujours quelques-uns pour lui jetêr à la face un *non* insolent et provocateur ; que d'ailleurs *tot capita tot sensus*, autant de *têtes*, autant *d'opinions* et de *sentiments*, et que par conséquent il doit toujours y avoir des *oui* et des *non*; qu'il faut qu'il y ait des *oui* et des *non*, pour attester la délibération, la réflexion et la liberté des votes, et l'opposition des intérêts, l'intelligence des uns et l'inintelligence des autres.

Fiat lux ! Fais, Seigneur, qu'en cette circonstance, les habitants des campagnes, si habiles, si prudents et si rusés en toute autre occasion, reconnaissent enfin leurs véritables soutiens, leurs véritables amis; qu'ils cessent d'aller à tort et à travers, à tâtons; qu'ils votent démocratiquement, eux dont les mœurs, les idées et les tendances sont si démocratiques, eux qui donnent toutes leurs préférences au titre de *citoyen* sur celui de *monsieur* ; fais, Seigneur, qu'ils cessent de faire ce qu'ils n'ont, hélas ! que trop fait depuis vingt ans, qu'ils cessent d'emboiter le pas et de se traîner à la remorque de quatre ou cinq gros bonnets, par commune, venant leur dire audacieusement et effrontément à chaque élection: « Ami, voilà ton bulletin tout plié. C'est le bon, ton choix, c'est le mien ; ferme toi les deux yeux, bouche-toi les deux oreilles et va déposer docilement dans l'urne ce bon petit billet » (véritable poignard, véritable canon dirigé contre toi).

Fais leur comprendre, Seigneur, à ces braves paysans que leurs votes doivent avoir une véritable portée, une véritable signification, et que pour cela, il faut qu'on les sache émis avec intelligence, réflexion, liberté et indépendance.

Fais surtout, Seigneur, que le peuple n'oublie pas, qu'il se souvienne qu'il est le nombre, qu'il est l'immense majorité, et que la victoire doit appartenir aux gros bataillons.

Fiat lux ! Marque au front, Seigneur, tous les accapareurs du blé et de l'argent, tous les tarisseurs prémédités du travail, de la fortune et de l'activité nationale, tous les braillards de la guerre à tout prix, devenus les braillards de la paix à tout prix; tout ceux enfin qui cherchent à affamer la République, à faire tirer la langue au suffrage universel, pour l'amener à composition ou à capitulation sur ses droits souverains et imprescriptibles!

Fiat lux ! marque au front, Seigneur, ce Guillaume et ce Bonaparte, ce Rouher et ce Bismark, hier brouillés et ennemis dans l'intérêt d'un trône et d'une dynastie particulière, aujourd'hui réconciliés et amis, dans l'intérêt général de tous les trônes et de toutes les dynasties, contre l'intérêt général de tous les hommes et de tous les peuples.

Fiat lux ! marque au front enfin tous les niais et tous les infâmes qui ont dit au peuple : C'est César qui fait notre bonheur, c'est César qui fait bien aller les affaires, qui fait bien vendre nos vins, nos denrées, nos bestiaux, nos poulets, nos cochons, alors que ce bien-être a été la conséquence, le résultat d'un concours de nombreuses circonstances, notamment des vides causés par sept années de disette et d'oïdium, de la force du suffrage universel républicain, de la liberté commerciale absolue (projet volé aux républicains), d'une activité nationale plus grande, de la multiplication des chemins de fer qui accourent partout où il y a un vide à combler, un besoin à satisfaire.

Fiat lux ! Fais comprendre, Seigneur, à ce peuple, que ses mortels ennemis cherchent à indisposer contre la République et contre lui même, que la République c'est la chose publique, le bien public, le gouvernement *de tous par tous et pour tous*, le gouvernement *du pays par le pays*, au moyen du suffrage universel sans limites et entraves, pouvant atteindre et frapper partout, soit qu'il s'agisse de punir, soit qu'il s'agisse de récompenser ; — que la République c'est la liberté, l'ordre, la prospérité et le progrès à jamais assurés et garantis ; c'est le principe électif substitué au principe héréditaire:

c'est la périodicité *des élections* substituée à la périodicité des *révolutions* ; que la République ce n'est pas un parti; que c'est la nation tout entière, l'union et la concorde de tous les partis, pouvant gouverner collectivement ou séparément, tour à tour, les biens et les intérêts de la communauté.

Fiat lux ! Fais-lui bien comprendre, surtout, Seigneur que la Monarchie, que l'Empire, que la Royauté, c'est le gouvernement de tous par quelques-uns et dans l'intérêt de quelques-uns, n'admettant qu'une souveraineté nationale, décapitée, abâtardie, restreinte, incomplète, impuissante, faisant du chef de l'Etat une *majesté insolente*, un maître arrogant, au lieu d'en faire un serviteur humble et docile ; lui accordant des droits, au lieu de lui imposer des devoirs ; lui jurant fidélité et lui prêtant serment, au lieu de la lui faire jurer et de le lui faire prêter ; lui abandonnant le frein et les rênes, au lieu de les conserver et de les solidement tenir ; lui accordant le pouvoir à vie et l'hérédité, au lieu de l'obliger à comparaître à sa barre tous les ans pour rendre compte et subir son jugement, c'est à dire le blâme encouru ou l'approbation méritée.

Fiat lux ! Fais lui bien comprendre, Seigneur, que, d'après ce qui précède, la monarchie héréditaire c'est inévitablement le règne du privilége, de l'injustice, de l'oppression, des abus, des flatteurs, des courtisans. La perpétuité et l'impunité du Maître amenant, assurant la perpétuité et l'impunité des valets, des favoris, c'est à-dire le règne de l'impudence, de la scélératesse, de la rapacité, en présence de la nation opprimée, méprisée, avilie, amoindrie, foulée aux pieds, dépouillée de son droit souverain de *jugement* et de *révocation*, obligée d'attendre que son tyran daigne en *appeler astucieusement à son verdict* par *oui* et par *non*, comme au 8 mai 1870, et n'ayant d'autre moyen, d'autre issue, d'autre recours, d'autre remède à ses maux que l'insurrection, que la violence, que la Révolution, c'est à dire que l'explosion forcée d'une colère d'autant plus terrible qu'elle a été plus longtemps contenue par la menace insolente et par les baïonnettes.

Dieu grand ! toi qu'on appelle aussi, selon les circonstances, Dieu de la Paix, Dieu des Armées, Dieu de la Victoire, Dieu fort, Dieu bon, Dieu juste, Dieu tout puissant, Suprême Modérateur, Arbitre Souverain, accorde nous tout ce qui nous est nécessaire, indispensable, comme individus ou comme nation.

Dieu de la Paix, toi qui as dit aux hommes, tes enfants : « Aimez vous les uns les autres comme des frè » res ; je vous donne ma paix, je vous laisse ma paix, » fais voir, aujourd'hui surtout, que tu gouvernes réelle ment, que tu es réellement Dieu, réellement maître, réellement souverain, réellement tout puissant ; mani feste ta toute-puissance d'une manière indubitable ; ordonne à ce Guillaume, à ce Fritz, à ce Molke, à ce Bismark (qui se disent effrontément tes lieutenants, alors qu'ils ne sont que les vils suppôts de Satan) de remettre immédiatement l'épée dans le fourreau ; ordonne que les deux misérables qui ont donné le signal du massacre, périssent immédiatement par le massacre, eux et leurs complices ; — fais que l'armée prussienne éprouve, sous les murs de Paris, un désastre pareil à celui de Sedan et qui en soit la revanche incontestable. Dieu bon, Dieu protecteur, maintiens la, rétablis-la, sur le champ cette paix, cette union, cette concorde si précieuse, si salutaire, si indispensable à tous, excepté aux empereurs, aux princes et aux rois, à qui seul elle est contraire, nuisible, dont elle barre l'ambition, à qui la guerre est indispensable pour faire parler d'eux, pour occuper d eux la Renommée. Dieu Saint, Dieu fort, Dieu juste Dieu des Armées ! soutiens, relève, décuple le courage, l'énergie et le nombre des soldats de la France, qui combattent en ce moment pour la plus sainte, la plus juste et la plus noble des causes : le salût et la délivrance de la patrie, le maintien de l'indépendance et de l'intégrité du territoire national.

Dieu bon, Dieu fort, Dieu juste, Dieu tout puissant, assiste, fortifie, protége et soutiens tous ceux en général qui luttent et qui combattent pour ces deux grandes et nobles idées : l'abolition des armées permanentes et la pacification générale, c'est-à dire la fin, la suppression de toutes les guerres, de tous les massacres, au moyen de l'abolition de tous les trônes, de toutes les royautés, de toutes les dynasties par conséquent, au moyen de l'établissement de la République universelle et de la constitution des Etats Unis d'Europe s'efforçant ainsi d'ouvrir partout et pour tous, pour tous les hommes et pour tous les peuples qui sont frères, une ère nouvelle de prospérité, de progrès telle qu'on n'en a pas encore vu de pareille depuis que le monde existe et qu'il est gouverné par des rois plus ou moins tyrans, plus ou moins despotes, plus ou moins débonnaires. Dieu juste et bon, fais que ces grands citoyens, que ces bienfaiteurs de l'humanité, voient de leurs yeux, avant de mourir, dans un avenir très prochain, flotter sur toutes les capitales, des bords du Tage aux bords de la Néva, des rives de la Tamise à celles du Tibre et du Bosphore, *le drapeau aux trois couleurs et aux dix étoiles des Etats-Unis d'Europe.*

O Dieu! toi qui as dit, après le déluge, en t'adressant surtout aux hommes à venir : Fils et descendants des trois frères, hommes des trois races et des trois couleurs; *blancs noirs, jaunes* ou *cuivrés*, CROISSEZ et MULTIPLIEZ VOUS (ce qui exclut toute idée de guerre, de meurtre, de massacre ou de carnage humain) soyez unis, loyaux, honnêtes, laborieux, vivez ensemble ou séparément, en frères et amis, groupez vous en familles nombreuses c'est à-dire en Républiques fédératives, fourmillez et prospérez, libres et égaux, sous l'immensité de mon regard qui voit tout, de mon oreille qui entend tout, de mon bras ou de ma main qui embrasse tout, qui atteint tout, qui élève et qui abat, qui récompense et qui punit selon les lois de ma justice éternelle, immuable, incorruptible; toi qui as voué au remords et à l'exécration des siècles le fratricide Caïn et le parricide César! O Dieu, protége notre jeune et troisième République, fais que les prétendants, race funeste, race empestée, race maudite à tout jamais ne viennent pas pour la troisième fois en rendre absolument impossible l'établissement définitif ou tout au moins l'essai loyal et suffisant, fais que les partisans des *princes*, toujours couverts du masque du patriotisme et du bien public, toujours la bouche pleine de paroles mielleuses et empoisonnées, ne parviennent pas une troisième fois à tromper le peuple par leurs artifices, à le charmer, à le griser à l'aide de quelque grand nom ou de quelque fausse raison, de nature à lui faire prendre l'ombre pour la proie, l'apparence pour la réalité.

Fais, Seigneur, fais que la République toujours renaissante quoique toujours trahie, toujours assassinée, toujours victime de ses chefs militaires, jette enfin de profondes racines dans le cœur de tous les Français; fais qu'elle jouisse toujours de la plus parfaite santé, qu'elle vive d'une vie toujours jeune, puisant sans cesse d'âge en âge, dans les renouvellements du suffrage universel, une force, une sève, un sang toujours jeune et toujours nouveau.

Fais que le peuple français, peuple si spirituel et si éclairé, si grand en tant de choses, se montre supérieur en sagesse, en prudence, en vertu civique;. fais que la fin du XXe siècle voie la France républicaine parvenue à sa 25e présidence, n'ayant plus mémoire de guerre, ni de révolution, ni de coup d'Etat, — n'ayant plus pour chefs que des hommes sortis des rangs du peuple, de simples citoyens, pleins de zèle pour la bien gouverner, incapables surtout de la trahir, de la tromper et de l'asservir.

Dieu tout-puissant, ô toi que nous appelons notre PROVIDENCE, donne et assure à tous tes enfants, à tous les hommes, à tous les peuples qui sont frères, à nous Français, en particulier, le pain quotidien, le pain du corps et celui de l'esprit; éloigne de nous la disette du blé et du vin, la disette des livres et des journaux républicains démocratiques, la disette des hommes fortement trempés, riches par la dignité du caractère, l'honnêteté, la probité, la loyauté, le désintéressement; — éloigne de nous tous les fléaux en général: la gelée, la grêle, le coulage, la peste, la famine, les épidémies, la variole, le typhus, les fièvres pernicieuses; — éloigne de nous la maladie des tubercules et l'oïdium, ces deux plaies terribles dont tu frappas, dont tu affligeas la France pendant sept années, au lendemain du crime de décembre, au lendemain de l'intronisation du bandit Bonaparte, pour la punir, sans doute, de son aveuglement, de sa folie et de sa coopération insensée, pour la châtier d'avoir rétabli deux trônes: l'un à Paris, l'autre à Rome, et de vouloir bientôt en rétablir un troisième à Mexico; pour la punir d'avoir élu et récompensé un assassin tout couvert du sang innocent de cent mille citoyens; ô Dieu juste! ô toi qui dispose du temps et de l'Eternité, tu avais donc ajourné ta justice et ta vengeance! tu t'étais donc réservé de faire succomber, vingt ans plus tard, à Sedan, cet abominable et moderne Machiavel, ce héros du crime, du parjure, de l'insolence et de la trahison, cet affolé de l'orgueil par 7 millions de suffrages! — O Providence! tu es notre MÈRE et tu aimes notre France: tu n'avais donc, hélas! que ce moyen pour écraser ce trop célèbre aventurier, et en même temps pour nous arracher à notre torpeur, à notre léthargie, à notre charme trompeur, à notre perte, ne pouvant absolùment séparer ta bonté de ta justice et de ta vengeance.

Quant à la Présidence républicaine, ... image, reste et souvenir de la royauté, qui a déjà fourni deux fois au peuple ignorant l'occasion de se décapiter, de se suicider, fais Seigneur Dieu de lumière, ...

. . . .

. . . .

. . . .

. . . .

. . . . et si dans tes desseins impénétrables, tu as décidé que la Présidence sera conservée, fais au moins, ô Providence! que les hommes éclairés seuls, que les mandataires du peuple, conseillers ou députés, désignent seuls à ces hautes et périlleuses fonctions.

Sais enfin que notre Président, si notre France doit en nommer un) ne soit ni prince, ... mais un simple citoyen; votre gloire, Seigneur, n'aura rien à y perdre et elle aura tout à y gagner, car la monarchie, avec son pouvoir à vie, son hérédité et son impunité, c'est le plus souvent le règne d'un scélérat, d'un despote, d'un mineur, d'un infirme, d'un incapable, d'un fou ou d'un idiot, tandis que la République, avec son système d'élections périodiques, avec ses choix intelligents, honnêtes et réfléchis, ne peut élever au pouvoir que les hommes sages, honorables, habiles, ayant longuement faits leurs preuves.

O Dieu! toi qui as donné à l'homme tant de témoigna

ges de ton intérêt et de ta bonté; toi qui l'as créé à ton image, à ta ressemblance, toi qui lui as fait entendre dans son malheur ce cri d'espérance : AIDE TOI, *le ciel t'aidera.*

O toi! qui as établi l'homme le roi de la création, de la nature en lui disant : *tu portes inscrit sur ton front le signe de la souveraineté ; aie donc toujours la conscience de tes droits et de tes devoirs* ; *aie toujours la conscience, nette et marches le regard fier et la tête haute.*

O toi ! Seigneur Dieu, qui lui as dit encore : *rois, c'est-à-dire hommes rois, Peuples-rois, nations souveraines, instruisez vous afin de pouvoir exercer dignement votre souveraineté.*

O toi ! Etre suprême, esprit supérieur à tous les esprits, qui a fait également entendre ces paroles : *Par tout ou vous serez réunis en mon nom (c'est-à-dire pour une cause bonne, pour une cause juste) ma sagesse et mon esprit seront avec vous, au milieu de vous.*

C'est donc toi, en réalité, Seigneur Dieu, qui as institué, établi et rétabli le droit de réunion afin que *ceux qui savent*, puissent se trouver au milieu de *ceux qui ne savent pas* et puissent leur communiquer leur instruction, les éclairer et les instruire.

C'est donc toi, Dieu de lumière, qui as voulu, qui as préparé, qui as décrété ces assemblées, ces réunions en plein air ou ailleurs, ces réunions publiques ou privées, où le peuple doit venir s'instruire, entendre parler de ses droits et de ses devoirs de citoyen, apprendre à exercer sa souveraineté, discuter ses intérêts, et s'expliquer franchement sur les hommes et sur les choses, dire franchement et carrément ce qui le blesse, ce qu'il ne veut pas, ou ce qu'il désire qu'on fasse.

Protége donc, Seigneur tout-puissant, protége le droit de réunion ; fais qu'il soit toujours maintenu, sans restriction et sans entraves, qu'il demeure complètement libre à tout jamais, étant reconnu comme le seul lieu où puisse se distribuer à tous d'une manière générale, le *pain quotidien de l'esprit.*

Fais, Seigneur, que les paysans que l'isolement des hameaux, des habitations, tue et annule, fais que les paysans le pratiquent régulièrement; qu'ils se rendent avec exactitude aux réunions périodiques de la commune ou de la section cantonale pour y entendre approuver ou blâmer leurs mandataires, conseillers ou députés et pour prendre part à ce blâme ou à cette approbation.

Fais donc, Seigneur, que le droit de réunion soit partout, pour tous et en faveur de tous une vérité, un bienfait, c'est à dire une source inépuisable de lumière, d'instruction, de liberté, d'égalité, de fraternité, d'affranchissement intellectuel et moral; — fais, surtout, qu'il se maintienne désormais au-dessus de tous les respects et à l'abri de toute atteinte

Fais surtout, Seigneur, que, protégés par le droit de réunion, les paysans, mieux instruits que par le passé, cessent enfin d'émettre des votes déplorables; qu'ils ne continuent plus, avec les meilleures intentions, à prendre le chemin de gauche pour celui de droite (cela s'appelle faire *fausse route,*) qu'ils ne relèvent plus *au loin,* à Paris, ce qu'ils savent si bien abattre *auprès* (dans la commune), sous leurs yeux.

Fais Seigneur, qu'ils comprennent une fois pour toutes, que le chef de l'Etat à Paris c'est comme le chef de la commune au village ; que l'assemblée nationale à Paris, c'est comme l'Assemblée municipale au village ; que l'un et l'autre, Maire et Président, doivent obéissance et soumission au peuple représenté par ses Conseillers et par ses Députés, ici ou là bas, qu'un Maire héréditaire ou à vie, telle est la conséquence logique d'un président héréditaire ou à vie ; qu'Olivier mentait effrontément et jouait sur les mots lorqu'il écrivait : Pour que les fils succèdent aux pères dans leurs biens, il faut que Napoléon IV succède à Napoléon III.

Les paysans le voient bien maintenant, Seigneur, le fils de l'Empereur n'héritera pas de la couronne de son père, mais les fils des paysans n'en continueront pas moins à hériter des biens de leurs auteurs. Le droit civil et le droit politique, ce sont deux choses distinctes, qu'il ne faut pas confondre.

Fais qu'il leur soit bien expliqué, fais qu'ils se rappellent, qu'ils n'oublient jamais que l'homme est essentiellement faillible, qu'il a de bonnes et de mauvaises dispositions ou inspirations, et qu'il faut se tenir en garde contre elles, soit du côté d'en haut, soit du côté d'en bas ; que le titre de *sauveur* et d'*infaillible* attribué à un homme est une fourberie et un mensonge ; les nations, c'est-à dire les Républiques, étant seules capables de se sauver elles mêmes à force de patriotisme, d'union et d'énergie. Ironie du sort! Que penser du *sauveur Bonaparte*, qui n'a pu se sauver lui-même de la souricière de la capitulation et de la honte de Sedan.

Dieu grand, sois justement jaloux de ton nom de roi et de ta majesté, fais qu'étant seul capable, seul digne de le porter, tu sois le seul à en être investi et honoré, fais que ta présence et ton temple soient toujours respectés; chasses-en tous les profanateurs, tous les traficants, tous les exploiteurs publics, vendeurs et revendeurs laïcs on non laïcs, quels qu'ils soient.

Dieu fort, sois jaloux de ta force, écrase et extermine tous ceux qui provoquent ta juste colère par leurs crimes et leurs infâmies, par leurs méchancetés, leur audace, leur impudeur, leurs blasphêmes, leur perfidie, leurs dispositions odieuses à dépouiller leurs semblables.

Dieu tout-puissant, Dieu juste, fais sentir ta toute puissance et ta justice aux mécréants, aux princes, et aux rois, tous ennemis de ta paix et de ta justice; à tous ceux qui convoitent ou qui retiennent le bien d'autrui, à tous ceux qui se croient tout permis, qui ne croient rien au-dessus d'eux, qui signent et qui s'écrient : *tel est mon bon plaisir*, au lieu de signer et de s'écrier : *ainsi le veut la droiture, la justice et l'honnêteté*; à tous ceux qui croient ne relever que d'eux-mêmes, qui comptent sur l'impunité de tous leurs vols, de toutes leurs malversations, de toutes leurs rapines, de toutes leurs extorsions usuraires, de toutes leurs cruautés !

Seigneur, fais bonne justice de toutes les iniquités des grands et des petits, fais tomber tous les masques, tous les déguisements, enlève leurs peaux d'agneaux, leurs peaux de brebis aux loups dévorants, leurs figures d'honêtes gens aux scélérats, leurs serres cruelles aux vautours de la finance et de l'agio, leurs pattes de velours et leur duplicité aux Tartufes, aux hypocrites, à tous les charlatans, à tous les escobars, leur effronterie, leur mine onctueuse, leurs ongles repliés ou retournés, leur face jèsuitique, leurs escarcelles pleine de gros sous enlevés aux femmes trop bonnes, aux gens trop crédules, se laissant voler et dépouiller au nom d'un *prétendu bien public* qui tourne toujours à l'avantage particulier de ceux qui reçoivent et qui empochent.

Dieu bon ! ramène à la République toutes les brebis égarées, ramène dans le courant du grand fleuve républicain, tous ceux que les exigences de leur situation avaient forcément rapprochés de l'Empire.

Grand esprit, supérieur à tous les esprits, père de la sagesse, de la lumière et de la vérité éternelle, inspire la France, arrache lui des yeux l'épais et funeste bandeau *monarchico-Bonapartiste*, rends lui la paix, le calme, la prospérité, la confiance en elle-même; insuffle à ses conseillers les plus utiles projets, les meilleures résolutions; apaise toutes les colères, dissipe toutes les défiances de l'esprit de parti, convertis à la République tous ceux qui ne croient qu'à la monarchie, qui ne rêvent que la monarchie, qui ne jurent que la monarchie; gagne les tous, Seigneur, à la République, qui n'exclut et ne proscrit personne, qui s'appuie ndistinctement sur tous, étant la nation tout entière sans *exception ni réserve*.

Protége, Seigneur, protége l'ordre public, si utile à tous, principalement à ceux qui n'ont ni blé, ni provisions au grenier, ni vin au chai ou à la cave, ni écus, ni actions, ni billets de banque dans leur portefeuille ou dans leur tiroir, à tous ceux enfin qui vivent du travail de leurs bras ou de leurs plumes, et qui ont le plus grand besoin que ce grand moteur, la *confiance*, ne cesse pas de fonctionner un seul instant.

Fais aussi, Seigneur, que nos vins, que nos denrées, que nos produits de la terre et de l'industrie se vendent bien, fais que le paysan argente, que l'ouvrier travaille, que la monnaie circule, que le commerce aille, que la France prospère et voie se cicatriser promptement toutes les plaies, aujourd'hui béantes, du fléau bonapartiste.

Fais, Seigneur, que nous ne tombions jamais dans les piéges des agents provocateurs, que nous ne succombions jamais à la tentation, c'est-à-dire au danger des divisions et des mesures téméraires, intempestives, précipitées et irréfléchies, et que nous ne compromettions jamais ainsi tous les biens et tous les avantages promis par notre magnifique avenir républicain.

Délivre-nous, Seigneur, de toutes les guerres, de toutes les pestes et de tous maux, mais surtout des Prussiens, des prétendants et de tous les amalgames constitutionnels, de tous les accouplements monstrueux, moitié monarchiques et moitié républicains; fais lever, ô Dieu bon, juste, tout-puissant, sur notre chère et malheuruuse France, un soleil plus doux, un temps moins rigoureuv et de moins malignes étoiles, répands sur elle le torrent de tès bontés et de tes bénédictions, et fais que bientôt les vents soient irrévocablement tournés à l'orient de la Paix et de la République universelle, c'est à dire à l'orient des ETATS UNIS D'EUROPE.

Dieu bon! fais que la République sauve la France et que la France sauvée et reconnaissante aime et conserve la République !

Ainsi soit il. — 38 millions de fois ainsi soit-il.

II

SALUTATION RÉPUBLICAINE

OU

Salut à la République.

République de 1870, fille de 1848, petite fille de 1830, arrière petite-fille de 1789 et de 1792, nous te saluons avec amour, avec espérance, nous remercions Dieu de ton retour, malgré les circonstances difficiles au milieu desquelles tu nous arrives, car c'est Dieu qui t'envoie comme remède à nos maux et compensation à nos douleurs, comme salut à notre situation.

O sainte fille du ciel, pleine d'énergie, de clémence et de générosité, sois nous conservée à jamais, malgré tous les perfides baisers que tu reçus il y a vingt ans, de ton indigne fiancé l'ignoble Bonaparte, malgré les traîtres adhésions, malgré les douteuses caresses que tu peux recevoir aujourd'hui de ceux qui t'insultaient hier et qui s'apprêtent très-certainement à te délaisser, à te trahir dès demain, c'est-à-dire à la première occasion. Le fer et le feu t'ont amplement purifiée de toutes leurs trahisons, de tous leurs baisers, de toutes leurs souillures, et tu n'en es que plus belle, plus resplendissante, plus digne d'intérêt et de dévouement aux yeux de tous.

O grande bienfaitrice de l'humanité ! O pure et éclatante personnification de la justice et du droit, mère féconde de la Liberté, de l'Egalité et de la Fraternité, espérance, joie et consolation des persécutés et des proscrits, nous te saluons, nous t'embrassons, nous te chérissons avec tendresse ; à toi tous nos cœurs, toutes nos vies, tous nos bras, toutes nos intelligences et tous nos vœux ; à toi tous nos dévouements, tous nos sacrifices, tous nos jours, toutes nos heures, toutes nos veilles, tous nos instants.

O sainte République, tes ennemis mêmes ne peuvent s'empêcher de s'incliner devant ton drapeau, devant ton magnifique idéal, devant les grands principes de justice et d'humanité proclamée par tes grands hommes de 1789 à 1792, devant tes bienfaits sur toute la terre, devant ta propagande à travers l'Océan, devant ta gloire dans le ciel auprés de Dieu, dont tu es certainement une émanation et un reflet.

O grande, ô chère République, aurore de la jeunesse de nos pères et de nos grands pères, toi qu'avaient déjà vu naître et renaître, toi qu'avaient déjà caressée nos mères et nos grand' mères ! viens sécher promptement nos larmes, relever nos courages, décupler notre énergie, notre indomptable mépris de la mort ; viens avec nous combattre, exterminer et anéantir le Prussien maudit, le pillard assassin, l'envahisseur insolent de notre sol et denos oyers ; car, avec Dieu, tu es contre eux notre seul espoir, notre seul soutien, notre seul refuge, notre seul bouclier.

O grande, ô sainte, ô chère République, à toi donc, par Dieu et avec Dieu, d'unir et de fortifier la France, notre patrie, de la sauver de la tempête et du naufrage, c'est à dire, de la honte et du démembrement, et d'en être ensuite récompensée par elle selon son intérêt, selon sa reconnaissance et selon tes mérites.

Ainsi soit il, 38 millions de fois ainsi soit il !

III

LE CREDO RÉPUBLICAIN

Je crois en la République, personnification du peuple tout entier, riches et pauvres, grands et petits, forts et faibles, jeunes et vieux, savants et ignorants, puissants et impuissants.

Je crois en la République, mère du suffrage universel, fille de Dieu et de la Raison, protectrice et régénératrice des nations, bienfaitrice de l'humanité.

Je crois en la République, image de la nation et non d'un parti, immense faisceau de tous les intérêts et de tous les droits, seule garantie d'union et de concorde pour tous devant l'ennemi, institution ayant pour but le bien, le salut et l'intérêt de toutes les familles et non le bien, le salut et l'intérêt d'une seule famille.

Je crois en la République, mère de la Liberté, de l'Egalité et de la Fraternité, de la Liberté de dire et de publier tout ce qui est vrai, dans l'intérêt de tous ; de l'Egalité devant la loi, devant la patrie, devant l'impôt du sang ; de l'Egalité des droits et des devoirs ; de l'Egalité devant les faveurs et devant les charges publiques ; de la Fraternité à nous enseignée selon le divin Socrate et le divin Jésus, et qui consiste *à faire à autrui ce que nous voulons qui nous soit fait à nous-mêmes, et à ne pas lui faire ce que nous ne voudrions pas qui nous fût fait ;* de la Fraternité des peuples, beaucoup plus sincère, beaucoup plus vraie et beaucoup plus praticable que la Fraternité des rois.

Je crois en la République, mère de la République universelle, mère des Etats Unis d'Amérique, des Etats Unis d'Europe dans le présent, et dans l'avenir, des Etats Unis d'Asie et des Etats Unis d'Afrique; institutrice de la paix, de l'union, de la concorde, du progrès et du bonheur social chez tous les peuples, pour tous les hommes de bonne volonté.

Je crois en la République toujours trahie et toujours renaissante, je crois à sa durée, à son succès et à son triomphe définitif par le progrès des lumières et de la raison universelle, par l'intérêt que les peuples ont à l'adopter ou à la conserver, afin de se garantir et de s'abriter contre les révolutions et contre les émeutes, fruits de la folie et de la corruption des rois, de l'incurie de leurs ministres, de l'avidité, de l'insolence et de l'incapacité de leurs courtisans ! elle seule peut nous mettre en possession d'une véritable et durable liberté, d'un véritable bien être, d'une véritable tranquillité, d'une véritable et constante prospérité.

Je crois en la République, dont le sens signifie bien public, chose publique, intérêt public, toute puissance du peuple, souveraineté nationale, gouvernement du pays par le pays ; — j'y crois d'autant plus que le peuple sait par expérience qu'il ne peut ni la frapper ni la détruire sans se frapper et se détruire lui même, car la République c'est lui.

Je crois à la République qui réglera équitablement entre les ouvriers et les patrons, entre les propriétaires et les prolétaires les conditions du travail et des droits de chacun; car si la terre appartient à tous les hommes ses habitants, si tous ses habitants ont le droit et le devoir de vivre en travaillant; la justice appartient à Dieu et à la République ; — et Dieu et la République sont seuls chargés de rendre ses arrêts et de la faire respecter et par les uns et par les autres.

Ainsi soit il, trente-huit millions de fois ainsi soit-il !

IV

CONFITEOR RÉPUBLICAIN

Je confesse, j'avoue, je reconnaïs qu'en votant, en l'année 1848, pour le prince Louis Napoléon Bonaparte, candidat à la Présidence de la République, me persuadant sottement qu'il allait se dévouer corps et âme au bien du peuple et à l'affermissement de la République en France, je me suis bercé de la plus étrange illusion et laissé aller à la plus regrettable aberration d'esprit, les Princes ignorant presque toujours les besoins des peuples, ne tenant jamais compte de leurs doléances et ne s'occupant guère que d'eux-mêmes, de leurs plaisirs, de leurs intérêts et de leur *cause*, qui ne peut être que la *cause de quelques-uns*; ne cherchant qu'à s'entourer de favoris, de privilégiés, et n'étant propres en définitive qu'à tyraniser leurs sujets et à les rendre malheureux.

Je confesse, qu'en agissant ainsi, j'étais poussé d'abord par ma profonde ignorance des hommes et des choses, ne connaisant d'autre nom que celui de *Napoléon*, n'ayant jamais entendu parler d'autre chose, vanter ou chanter autre chose, et me faisant sur le caractère et les intentions du *neveu de l'empereur* les plus fausses idées.

Je confesse, en outre, qu'en cela j'ai été irrésistiblement conseillé et entraîné par trois ou quatre gros bonnets de ma paroisse, grands émargeurs du budget de la commune et de l'Etat, grands partisans de leur autorité absolue et incontestée appelant *bons* leurs soutiens, et *méchants* leurs adversaires, aimant plus à commander qu'à obéir, ayant des places à réclamer pour leurs fils, cousins ou neveux, et sachant bien que la monarchie, une fois restaurée, s'empresserait de rétablir immédiatement le règne des grosses influences, des faveurs, des protections et des injustices.

Je confesse et reconnais qu'en votant pour la présidence décennale, qu'en donnant l'absolution au coup d'Etat si criminel de décembre 1851 (de même que nos grands pères avaient si malencontreusement amnistié le coup d'Etat, le guet apens de brumaire par Bonaparte 1er), jai commis une faute énorme, un acte de faiblesse injustifiable, donnant mon approbation à un attentat que la morale la plus vulgaire me faisait un devoir de comdamner et de flétrir énergiquement, et qu'au lieu de voter *oui* pour Bonaparte, j'aurais dû voter *non* contre Bonaparte ; qu'au lieu d'envoyer alors le prince Louis Napoléon aux Tuileries, j'aurais dû l'envoyer à Cayenne, qu'au lieu de me disposer à le revêtir de la couronne et du manteau impérial, j'aurais dû vouloir qu'il fut marqué immédiatement de la lettre des faussaires et des assassins, revêtu de la camisole de force, exposé au carcan et impitoyablement occis, décapité ou fusillé, lui le fusilleur et le proscripteur de plus de 100,000 citoyens innocents.

Je confesse qu'au lieu de consentir à la suppression d'une magnifique Constitution républicaine, reconnaissant, maintenant et assurant les droits de tous, j'aurais au moins dû *m'abstenir*, ne pas me rendre au scrutin, et protester ainsi par mon silence contre la folie, l'aveuglement et la perversité de quelques uns, n'osant pas voter *non*, avec tant d'autres plus *courageux*, contre la constitution césarienne qui allait rétablir tout ce qu'il y a de contraire aux intérêts du peuple et aux droits de l'homme et du citoyen dans les différentes constitutions des régimes déchus : pouvoir personnel, sénat servile, noblesse de faux aloi, gouvernement malhonnête, immoral et dilapidateur de la richesse nationale, profondément corrupteur et profondément corrompu.

Je confesse et reconnais qu'en votant en Décembre 1852 une troisième fois pour Bonaparte Empereur, qu'en livrant ainsi la France à une famille, à un homme, comme une métairie et tout son bétail, j'ai agi en cela en mineur, en enfant, sans discernement, sans prudence, sans réflexion, me laissant effrayer par des dangers imaginaires et ne voyant as avec tant d'autres, que la France n'avait peur que d'elle même, et qu'elle allait, pour se garantir d'un péril illusoire, se jeter dans la gueule du loup, c'est à dire dans les griffes d'un des pote.

LE CONFITEOR RÉPUBLICAIN

(*Suite*)

Je confesse et reconnais que la RÉPUBLIQUE est la seule forme de gouvernement qui convienne à la dignité des PEUPLES MAJEURS, des peuples qui veulent y voir par leurs propres yeux et *faire leurs affaires eux-mêmes*, les PEUPLES MINEURS (tous ignorants et aveugles) pouvant seuls supporter que des maîtres orgueilleux, insolents et avides y voient pour eux, agissent pour eux et presque toujours contre eux.

La *République*, où le chef de l'Etat est placé sous la dépendance des mandataires élus de la nation et se soumet à leur volonté, vaut donc mieux que la *monarchie*, où le chef de l'Etat, agissant toujours en maître absolu, tient tout le monde sous sa dépendance, mandataires et mandants, électeurs et élus, et ne les consulte que pour la forme, lorsqu'il lui plaît et comment il lui plaît, et que tel est *son bon plaisir*.

Je confesse et reconnais, en outre, que la République vaut mieux que la monarchie, 1° parce qu'elle exclut le *pouvoir à vie* et le pouvoir héréditaire, ces deux sources empestées engendrant sans cesse autour du *pouvoir* (du chef de l'Etat) cette vermine innombrable, cette multitude immense de *vers rongeurs* (le parti des *longues dents*) que l'on voit grouiller autour de ce *fumier*, de cette pourriture appelée LISTE CIVILE ou FONDS SECRETS ; 2° parce qu'elle laisse la voie ouverte à toutes les bonnes volontés, à tous les concours, à tous les dévouements, à tous les progrès, à toutes les améliorations, à toutes les discussions, ne trouvant jamais devant elle, pour lui faire obstacle, ni caste, ni famille princière, ni dynastie lui marchandant en toute occasion *la justice*, *la lumière* et *la liberte*; 3° parce que chez elle (la République) le POUVOIR A TERME n'a le temps ni de vieillir, ni de s'égarer, ni de s'aveugler, ni de s'endormir, la presse *libre*, les élections *libres*, et les délibérations *libres* de ses assemblées *libres* étant toujours là pour tenir le gouvernement en éveil, en haleine, et l'inviter au respect des droits, des volontés et des libertés des citoyens ; 4° parce que l'adulation, la flatterie, la corruption ne peuvent que très difficilement gagner les CHEFS ÉLUS, les PRÉSIDENTS ÉLUS, et les détourner de leur voie, le gouvernement ne possédant ni *millions*, ni *liste civile* à jeter en pâture audit grouillement aristocratico clérical, sachant bien qu'ils doivent rendre compte bientôt de leur administration, et qu'ils sont impatiemment attendus *au bout de la rége* (tous les trois ans, quatre ans ou cinq ans) ; 5° parce que, avec la République, le mécontentement général, s'il existe parfois, n'en est pas réduit à éclater comme une bombe et à se faire justice par un grand acte de violence appelé Révolution, attendu qu'il peut toujours se manifester et se traduire pacifiquement, sans secousse et sans bruit, sans autre obstacle qu'un peu de patience à attendre le grand jour fixé par la loi constitutionnelle, OU LA PAROLE APPARTIENT A LA NATION TOUT ENTIÈRE (les élections générales), et où chaque citoyen de la République vient déposer dans l'urne électorale le PRÉCIEUX BULLETIN portant, sous une forme quelconque, son *oui* ou son *non*, c'est à dire son ap probation ou son blâme sur les faits et gestes du gouvernement; 6° parce que la République, dont la con duite ou direction est ouverte à tous et n'exclut per sonne, est un terrain neutre sur lequel tous les partis peuvent successivement venir s'installer, travailler et gouverner selon les circonstances, c'est à dire selon le grand intérêt du moment. De tous les gouvernements, la République est donc celui qui divise le moins, c'est à dire qui favorise le plus le bon accord et l'union des citoyens n'ayant en vue que le bien du pays, le bien de tous ; 7° parce que la République étant le gouvernement de l'immense majorité des intérêts, des volontés, devient précisément, à cause de cela, la forme de gou vernement la plus économique et la moins coûteuse, le maintien réel du bon ordre, exigeant beaucoup moins de gendarmes, de soldats et d'agents de police, et par conséquent moins de *millions*, alors que le nombre des *mécontents* est devenu extraordinairement minime, alors enfin qu'il n'y a plus guère à surveiller et à contenir que les voleurs, les repris de justice, les insoumis, les perturbateurs du repos public et autres délinquants relativement peu dangereux et formant l'écume de tous les partis..

Je reconnais et confesse que si le Corps Législatif, élu pour six ans en 1869, au lieu de ne compter que trente députés vraiment libéraux et vraiment indépendants, sur un total de deux cent quatre vingt treize, en eût compté cent cinquante; si au lieu d'être composé en immense majorité de faux démocrates, de faux serviteurs de la France, ne voyant que leur intérêt et celui de la famille Bonaparte, il eût été composé de vrais démocrates, de vrais serviteurs de la France, la déclaration de guerre du 18 juillet 1870 n'eût certainement pas été faite, car le gouvernement eût craint de ne pas obtenir d'eux les millions et les milliards indispensables, et *la France, qui a du cœur et de l'âme*, n'eût eu après cela qu'une seule chose à regretter, non la perte de l'Alsace et de la Lorraine, mais la conservation prolongée de l'homme sinistre qui aurait continué très certainement à l'avilir, à la corrompre et à l'opprimer pendant quelques années DE PLUS.

Je confesse et reconnais qu'en votant OUI pour la guerre en croyant voter OUI pour la paix, le 8 mai 1869, j'ai donné au monde la plus triste idée de ma capacité et de ma perspicacité politiques, ayant, ce jour là, complètement mis de côté mes yeux et mes oreilles, mon bon sens et ma raison, pour m'en rapporter uniquement et sur parole à tous les dévorants du râtelier impérial, tous intéressés dans leurs personnes ou dans celles de leurs fils à me mentir effrontément, alors qu'il s'agissait tout simplement de *brider* l'homme sinistre et non de le *détrôner*, de faire disparaître de la constitution impériale le droit exorbitant de déclarer la guerre, droit accordé au chef de l'Etat sans le consentement des élus du pays.

Je confesse et reconnais également (et par *post scriptum*) aujourd'hui, 31 mars 1875, cinq ans après l'invasion et le démembrement de la patrie, qu'à mes yeux et devant l'histoire, le bonapartisme est et doit seul demeurer responsable de cette humiliation, de cette ruine ; que c'est à lui, et à lui seul, que doivent être attribués et reprochés les cinq milliards d'indemnité, la perte de l'Alsace Lorraine avec ses 1.800,000 habitants, et l'accroissement quatruple de la dette nationale, portée par lui de cinq milliards à vingt-cinq milliards dans l'espace de vingt années ; et que ses partisans ont beau s'affubler des plus beaux noms et du plus inoffensif pelage (le parti de *l'Appel au peuple*), loups dévorants ils ont été, traitres et loups dévorants ils resteront, ne pouvant jamais être considérés autrement par la démocratie éclairée que comme faux frères, ne cherchant qu'à fausser les principes et les idées généreuses de la démocratie au profit de leurs convoitises et de leur voracité (les *longues dents*).

Je confesse et reconnais qu'il existe une différence du tout au tout entre *l'Appel au peuple républicain* et *l'Appel au peuple bonapartiste* (faux appel au peuple), le premier voulant soumettre *périodiquement* à la décision du suffrage universel toutes les grandes questions d'intérêt national, les seconds ne voulant consulter la nation que sur un seul point (le choix de la dynastie) et cela parce qu'ils croient encore les ignorants et les idolâtres en majorité dans le pays, se promettant de tirer ensuite l'échelle après ce premier succès et de refuser plus tard aux mêmes hommes ou à leurs successeurs le droit de *défaire* ce qui aurait été fait par leurs devanciers en un jour de surprise et de découragement, à l'aide du mensonge, de la ruse et de la perfidie.

LE CONFITEOR RÉPUBLICAIN

(*Suite*)

NÉCESSITÉ DE LA DISCIPLINE   FAUSSE APPRÉCIATION

Je confesse et reconnais que c'est par la discipline et la persévérance, et uniquement par la persévérance et la discipline, que la Démocratie pourra vaincre définitivement ses adversaires les *aristocrates* et les *faux démocrates* (divisés ou coalisés), et mettre fin à toutes leurs calomnies, à toutes leurs ruses et à toutes leurs perfidies.

Je confesse et reconnais que toutes les erreurs et tous les mauvais choix du suffrage universel, depuis son institution, en 1848, sont dus à une cause unique, *la fausse appréciation du sujet électoral*. Au lieu de se demander : *De quoi s'agit il ? Sur quoi vote t on ?* On s'est toujours demandé : *Pour qui vote t on ?* Au lieu de ne voir que le *drapeau*, on s'est obstiné à ne voir que le *porte drapeau* ; au lieu de dire : « Peu importe l'homme » qui porte le drapeau de la Démocratie, je ne dois » voir en lui que la Démocratie, et je vote pour la Dé » mocratie, » on a dit : « Le visage, le nom de l'homme » choisi par la Démocratie (par mes pareils) ne me » convient pas, et je ne voterai pas pour lui ; je pré- » fère donner ma voix au porte drapeau de l'Aristocra » tie ou de la FAUSSE DÉMOCRATIE, dont le nom et la » figure me plaisent davantage, bien qu'il soit l'adver- » saire irréconciliable de mes pareils et le mien, bien » que sa cause soit l'opposé de la mienne, bien que son » drapeau soit à mon drapeau, ce que le drapeau blanc » est au drapeau tricolore ; bien que les ancêtres de » ceux qui combattent à l'ombre de ce drapeau aient » été autrefois les oppresseurs et les tyrans de mes an » cêtres, et qu'ils cherchent toujours à reconstruire plus » ou moins exactement l'ancienordre de choses dont » je ne veux à aucun prix la réédification. »

Dans chaque élection, il ne s'agit donc nullement de choisir entre un *honnête homme* et un *malhonnête homme*, mais bien de choisir entre un *vrai démocrate* et un *faux démocrate*, ou encore entre un *vrai démocrate* et un *vrai aristocrate.*

— Je confesse et reconnais *avec l'opposition* d'alors et celle d'aujourd'hui qu'un *Sénat*, même élu par le peuple, serait presque chose inutile, attendu que le peuple français n'a nullement besoin d'une double représentation et d'une double dépense, pas plus qu'une commune quelconque n'a besoin de deux conseils munipaux. Les illustrations du pays seraient tout aussi bien placées dans l'Assemblée nationale, qui n'est nullement indigne d'elles, et tiendrait volontiers compte de leur expérience, de leur lumière et de leur sagesse.

— Je confesse que le pouvoir *à terme* (cinq ans) est seul logique, rationel, seul réellement *responsable devant le peuple français* ; le pouvoir à vie, avec ou sans hérédité, mettant le chef de l'Etat hors des atteintes du suffrage universel et lui assurant l'impunité, le dispensant de rendre compte régulièrement et effectivement et conduisant le pays tout droit à la banqueroute, à la révolution ou à la guerre, au bout de quelques années, trois choses que la prudence et la sagesse nous conseillent expressément d'éviter à tout prix dans l'intérêt de tous, ou du plus grand nombre.

— Je confesse et reconnais que le chef de l'Etat doit être le premier serviteur et non le maître de la NATION, qu'il doit *obéir* TOUJOURS aux représentants de la nation, au lieu de leur imposer ses volontés, de même que tout maire doit être le premier sérviteur et non le maître de la commune et obéir toujours au Con seil municipal, qui connaît aussi bien que lui et souvent mieux que lui, les intérêts, les besoins et les volontés des habitants des différents hameaux qui composent la commune.

Je confesse et approuve que la présidence Républicaine, cette image de la Monarchie, cette porte ouverte aux prétendants, aux princes . . . .

. . . .

. . . .

. . . .

. . . .

. . . .

Je confesse et reconnais que ce qu'il y a de mieux à

faire à ce sujet c'est d'instituer un *Directoire* ou *Triumvirat*, composé de membres nommés pour *un an* seulement et non rééligibles avant un délai d'un an, attendu qu'il est bon d'exercer le peuple à la prudence et d'habituer ses premiers représentants à pratiquer les vertus civiques, à rentrer dans le sein des masses, d'où ils sont sortis, à faire preuve de désintéressement et de modestie, à redevenir simples citoyens dans leur pays. (Ce qui précède est écrit en 1870).

Je confesse en outre et reconnais qu'en précipitant de son trône le roi Charles X (le 29 juillet 1830), qui voulait résolument et insolemment rétablir l'*ancien régime* (abattu en 1789), et livrer ainsi la France aux rancunes et aux prétentions des nobles et des prêtres, le peuple de Paris et la Révolution de 1830 ont sagement et patriotiquement agi, et que les petit-fils des révolutionnaires d'alors ne peuvent là dessus être d'un avis différent de leurs pères et de leurs grands pères, et leur infliger condamnation et démenti.

Je confesse et je reconnais qu'en renversant (le 24 février 1848) le trône et la dynastie des d'*Orléans* (ces rois de l'aristocratie financière et de la haute bourgeoisie), acceptés seulement par les électeurs payant 200 francs d'impôts, le peuple de Paris a eu dix fois raison, qu'il a bien fait, sagement agi, travaillant toujours dans l'intérêt général, alors que le roi Louis Philippe et ses ministres soumettaient tout à leur intérêt particulier se refusant obstinément d'élargir le cercle de la toute puissance nationale, ne voulant à aucun prix du suffrage universel et disant *non* également au droit de suffrage abaissé à 100 francs d'impôt avec admission des *capacités*. Selon lui, porter le corps électoral de *deux cent mille* électeurs à 1,200 mille, c'était livrer la France (c'est-à-dire la dynastie) à l'*inconnu*, c'était souverainement dangereux et imprudent. Le lendemain, 25 février, il était *trop tard.*

Je confesse et reconnais que la restauration des Bourbons, n'importe de quelle branche, ne pourrait absolument rien pour le relèvement de la France et pour l'expulsion des Prussiens Une famille de plus ou une famille de moins, un roi de plus ou un roi de moins, ce n'est pas comme une province de plus ou de moins. D'ailleurs, ce ne sont pas les hommes qui manquent, ce sont les *fusils* et les *canons*. Ce n'est point avec les mots de *sire* et de *majesté* qu'on pourra faire reculer l'ennemi, non plus qu'avec des machoires d'âne, des processions et aspersions, mais seulement avec de la poudre, des balles, des boulets et des obus. La République, c'est à-dire la France entière, a seule ce pouvoir *si elle veut fermement et résolument en user* ; elle est seule capable de se sauver du danger qui l'étreint, et bientôt, espérons le, elle en fournira la preuve en donnant au monde le grand spectacle de son indomptable résistance, si du moins vingt ans de gouvernement corrupteur et corrompu n'ont pas totalement atrophié tous les cœurs et ramolli tous les courages.

Je confesse, j'avoue et je reconnais que si tant de révolutions, et à leur suite tant de déceptions, de contradictions et de maux se sont abattus depuis quatre-vingt ans sur la nation française, c'est qu'elle l'a bien voulu, qu'elle y a toujours consenti ; qu'elle n'a cessé, à l'instigation de ses anciens dominateurs et oppresseurs, *de faire trois pas en arrière* après en avoir fait *deux en avant*, de continuellement et follement reconstruire *de la main droite* ce qu'elle venait de démolir si péniblement, si laborieusement et si sensément *de la main gauche*, agissant toujours sans fermeté, persévérance et réflexion, donnant toujours *tête baissée* dans tous les piéges des réactionnaires de la monarchie (rois, princes, ducs, marquis, comtes, barons et transfuges de la démocratie), en sorte que si aujourd'hui, 10 novembre 1870, 81 ans après la grande révolution de 1789, la France, après avoir été quatre fois régénérée et remise dans la bonne voie (c'est-à dire en possession d'elle-même), à quatre époques différemment mémorables, ne se trouve pas plus avancée qu'en novembre 1792 et même moins, elle ne peut en accuser qu'elle-même, que s'en prendre à son manque de constance, de fermeté, de sagacité et de prudence politique : à elle donc, à ce sujet, de faire son meâ culpâ, de se frapper la poitrine et de dire très sérieusement, très sincèrement et très chrétiennement :

Par ma faute,
Par ma très grande faute,

avec l'intention bien arrêtée de mieux faire, d'être plus ferme, plus sagace, plus prudente et plus habile dans l'avenir, de ne plus se laisser désormais ni tromper, ni fasciner, ni surprendre par qui que ce soit, prince ou roi, empereur ou président, oncle, neveu, fils ou cousin d'empereur ou de roi.

Ainsi soit il ! 38 millions de fois ainsi soit il !!!

VII

Les commandements de la République.

(IMITATION DU DÉCALOGUE)

Peuple français,

Je suis ta personnification la plus réelle, la République, en même temps fille et mère du suffrage universel ; je suis en lui, et il est en moi ; je ne puis réellement exister que par lui, et il ne peut réellement exister que par moi : ce qui n'est point un mystère, ce qui est une vérité, et par conséquent un article de foi tout à fait digne d'être enseigné et d être cru.

C'est moi, la République une et indivisible qui ai pu en l'année 1793, délivrer la France de l'invasion ; c'est moi seule encore qui serai capable de l'en délivrer en l'année 1871 ; si les monarchistes ligués contre moi, ne viennent m'en empêcher et rendre mon œuvre impossible, en paralysant tous les cœurs et tous les courages.

C'est moi qui à trois époques différentes, en 1792, en 1848 et en 1870, t'ai rendu tous les droits, dont d'autres moins bienveillants t'avaient injustement dépouillée ; c'est moi qui t'ai restitué ta toute puissance, que des misérables, élevés par ta main, engraissés de tes sueurs, avaient consécutivement trahie, ruinée, amoindrie et foulée aux pieds.

C'est moi, qui il y a plus de 80 ans, ai institué pour la première fois en ta faveur, *le suffrage universel à puissance illimitée* ; c'est moi qui, il y a 23 ans, t'ai remis en possession de cette arme terrible que le premier Bonaparte avait émoussée, ébréchée et laissé rouiller dans son fourreau; — que les premiers Bourbons avaient brisée et anéantie, que les Bourbons Cadets avaient refusé de réintégrer dans tes mains, dans la crainte de ne pouvoir ensuite la diriger et la maîtriser selon leurs vues.

Mais prends bien garde, ô peuple français, peuple imprudent, peuple léger, peuple inconstant, le suffrage universel est une arme à deux tranchants, pouvant aussi bien tuer ou blesser le maladroit qui en use inconsidérement, que l'adversaire qui veut l'attaquer dans l'exercice de sa souveraineté.

A toi donc, peuple français, de ne jamais saisir ton arme par le tranchant, à toi donc de ne jamais frapper en arrière, de ne jamais te suicider, alors qu'il s'agit de toujours frapper l'adversaire, de toujours frapper en avant

A toi de faire fonctionner ton droit de suffrage universel uniquement dans ton intérêt, c'est-à dire, dans l'intérêt de tous et jamais dans l'intérêt de quelques uns seulement.

A toi de n'avoir et de ne vouloir plus de maîtres désormais, de maîtres à vie ou héréditaires, — de n'avoir plus et de ne vouloir plus que des serviteurs et des serviteurs très humbles et très dévoués.

A toi de marcher avec prudence et avec fermeté dans la voie que je t'ai tracée pour ton bonheur et ta dignité.

A toi de ne plus te conduire en enfant, en mineur ignorant et inexpérimenté, mais en homme sage, en majeur instruit et éclairé, plein d'expérience, de bons sens et de raison.

A toi de prendre garde, de regarder souvent à tes pieds afin de ne jamais tomber dans les piéges des aristocrates et des monarchistes, de tous temps acharnés à ta perte, extraordinairement jaloux de ta puissance et fermement résolu à te faire commettre s'ils le peuvent faute sur faute ; à te pousser encore une fois à la déconsidération et au suicide, en te faisant voter le rétablissement de la monarchie, c'èst à dire du pouvoir à vie et de l'hérédité.

Pour ce faire, peuple français, pour éviter toute embûche, toute erreur, toute déception, toute surprise en faveur d'un trône quelconque, tu n'as qu'à bien savoir tes *prières républicaines*, qu'à prendre mes commandements pour règle de conduite, de les réciter souvent (une fois par mois) dans la crainte de les oublier.

C'est d'ailleurs pour ton utilité personnelle que tout cela a été fait, ô peuple français ; c'est pour ton bien, uniquement pour ton bien que tout cela a été rédigé, composé, imprimé, publié, distribué, et non dans l'intérêt d'aucun autre, car *je suis ta bonne mère la République*; je te suis dévouée de corps et d'âme, jusqu'aux larmes, jusqu'au sang, jusqu'à la mort; mon seul désir, ma seule préoccupation est de te rendre heureux, libre, indépendant, de te savoir aimé, obéi, respecté, entouré partout de la considération et de l'estime universelles tout à fait digne et capable de servir de modèle aux autres peuples, et d'avoir des imitateurs.

Ces commandements, j'ai dû les mettre en rimes, afin que tu puisses mieux les graver dans ton cœur et dans ta mémoire, et en faire ton profit.

VIII

Commandements rimés de la République.

1. PRINCIPES CONSTITUTIONNELS

VERTUS CIVIQUES

1. La République maintiendras,
   Qui t'a rendu tout puissant,
2. La monarchie tu rejetteras,
   Qui te méprise grandement.
3. De la peste tu te garderas
   Et des princes pareillement.
4. A la nation tu conserveras,
   Tous ses pouvoirs éternellement.
5. A rois, chefs sauveurs ne croiras,
   En souvenir du garnement.
6. Suffrage universel glorifieras,
   Qui vient de Dieu directement.

7. Parole libre supporteras
Pour en user réciproquement.

*
* *

8. Tout privilége aboliras,
Afin de vivre et marcher dignement

*
* *

9. Sainte fraternité pratiqueras,
Envers tous indistinctement.
10. Du budget tu sépareras,
Dieu, l'église et ses gens.

*
* *

11. Toute guerre empêcheras,
En votant sensément.
12. La Révolution tu supprimeras,
En ne nommant que pour un temps.
13. Par toute l'Europe établiras
Dix Républiques sur-le champ.
14. Des dix Etats tu formeras
Un bel et bon gouvernement.
15. Germains, Français, réconcilieras,
Et les huit autres pareillement.

—

JURISPRUDENCE ÉLECTORALE

16. Cinq représentants éliras,
Cinq pour cinq cent mille habitants.
17. Pour trois ans leur délégueras
Tes pouvoirs solidairement.
18. Au scrutin tu te rendras
Pour voter à bon escient.

19. A l'abstention tu recourras
Si ne comprends parfaitement.
20. Tous démocrates nommeras,
Pour être servi réellement.
21. Ton bulletin ne mélangeras,
Si veux agir intelligemment.
22. Certains aristos tu bifferas,
Ecartant tout empêchement.
23. A sotte unanimité renonceras,
Qui ne plaît qu'à l'ignorant.
24. Devant majorité t'inclineras
En citoyen bien pensant.
25. Cléricaux n'accepteras
Qu'après solide engagement.
26. Tous flatteurs écarteras
Reptiles, loups dévorants.
27. A tout corrupteur infligeras
Le plus mérité châtiment.
28. Et jamais tu ne croiras
A vrai parti d'*honnêtes gens.*

—

RÉFORMES INDISPENSABLES.

29. Tous droits d'octroi aboliras,
Par un meilleur agencement.
30. Tous les rentiers imposeras,
D'un vingtième moindrement.
31. Tous traitements tu réduiras,
Au nécessaire strictement.
32. *Gratuit savoir* distribueras,
Du plus petit au plus grand.
33. Tout cumul interdiras,
A tout ministre, à tout agent.
34. A tout paysan accorderas,
Décharge et dégrèvement.

35. La chasse libre décrèteras,
Un jour sur sept gratuitement.
36. Tous les impôts équilibreras,
Pressant besoin du moment.
37. Remplacement aboliras,
Faut riche et pauvre au régiment.
38. Service armé limiteras
A neuf cents jours suffisamment.
39. Tous les loyers diminueras
D'un tiers mensuellement.

*
* *

40. A tous les rois, perte jureras...
Qu'ils finissent prochainement.

AUX ÉLECTEURS RURAUX

PLUS DE MALENTENDU — SOYONS UNIS

Citadins et villageois, nous avons les uns et les autres les mêmes intérêts : nous avons tous également besoin les uns des autres.

L'homme des champs nourrit l'homme des villes ; mais l'homme des villes habille, instruit, fortifie et complète l'homme des champs.

Le premier, il est vrai, fournit au second le blé, le vin, le bois, les légumes, le lait, les œufs, la graisse, le beurre, la volaille et tout ce qui est nécessaire à l'alimentation ;

Mais le second fournit au premier les étoffes, les cuirs, les épices, le sucre, le café, le sel, la morue, le fer, la fonte, les outils aratoires, et, en général, toutes les denrées des pays lointains, tous les produits industriels ou agricoles de la mère patrie et du monde entier.

Si le villageois laboure et ensemence la terre, s'il plante et cultive la vigne, s il fouille et vide les mines et les carrières, s'il soigne et multiplie tous les arbres et toutes les plantes utiles, enrichissant ainsi la patrie de récoltes abondantes et de fruits délicieux,

Le citadin, de son côté, construit et gouverne les vaisseaux qui transportent au loin les récoltes et les vins du villageois, et qui lui rapportent au retour les produits et les marchandises qui lui manquent.

Le citadin compose ces innombrables armées de travailleurs, de commis, de trafiquants et de négociants, qui peuplent les quais, les usines, les magasins, les arsenaux, les entrepôts, qui expédient, chargent et déchargent les navires, qui commandent à la vapeur, qui fabriquent les livres, les caractères, les tissus, les cordages, qui construisent les machines, qui travaillent et clarifient le suc si précieux de la canne et de la betterave ;

Le second est donc aussi indispensable au premier que la main l'est au bras, ou que le bras l'est au corps ;

Et le premier est aussi indispensable au second, que la tête l'est au corps, ou que le bras l'est à la main ou la jambe au pied.

Qu'ils ne soient donc jamais séparés, jamais adversaires, jamais ennemis, mais plutôt qu'ils restent toujours unis, toujours unis comme chair et ongle.

Leur devoir surtout est de ne jamais lutter, de ne jamais se combattre, car la lutte entre eux c'est un FRATRICIDE.

Habitants des villages, électeurs ruraux, électeurs démocrates par excellence, fermez donc l'oreille inexorablement et à tout jamais aux suggestions des aristocrates; qui ne vous estiment que pour eux, qui vous trompent et qui vous exploitent, en cherchant à vous monter la tête contre vos frères les démocrates des villes, dans le but quelque peu criminel de tirer profit pour eux-mêmes de cette désunion, de cette division, de ce désaccord.

Au lieu de les écouter, au lieu de les suivre, prenez exemple sur vos frères les démocrates des villes ; faites comme eux, faites la sourde oreille, marchez droit au but sans vous préoccuper ni des criailleries, ni des lamentations, ni des supplications, ni des objurgations de vos gros bonnets, de vos meneurs habituels.

Qu'ils rient ou qu'ils pleurent, que peu vous importe, n'en ayez nul souci : les tartufes et les hypocrites, vous le savez, rient et pleurent à volonté, selon les besoins de leur cause.

Pour eux, blâmer ou approuver c'est tactique de renard, c'est affaire d'adresse, de circonstance, de convention.

» Vous me connaissez depuis tant d'années, vous » diront-ils encore, continuez-moi donc toute votre » CONFIANCE. »

Pour toute réponse et dans votre intérêt, accordez-leur toute votre DÉFIANCE.

Puis, marchez droit au but, citoyens des villages, suivez, suivez jusqu'au bout le grand chemin de la Démocratie dont vous êtes les fils les plus nombreux, les plus robustes, les plus utiles, les plus vaillants et les plus indépendants, en attendant que vous en soyiez devenus les soutiens les plus instruits et les plus résolus, les plus solides et les plus clairvoyants, qualités qui ne vous manqueront pas bien longtemps si vous voulez bien faire comme nous, vos frères et vos égaux : lire, écouter, examiner, réfléchir.

Soyez donc prudents et ouvrez l'œil désormais, citoyens des villages, et pour commencer, froncez les sourcils aux aristocrates et aux cléricaux.

Et par ARISTOCRATES, j'entends les hommes dits des classes dirigeantes, ceux à qui il faut absolument un roi, une liste civile, une cour et des courtisans, et avec cela une liberté muselée et un suffrage universel suffisamment restreint terrifié et empêché.

Et par CLÉRICAUX, j'entends les quatre ou cinq bourgeois par commune qui ont été élevés dans les couvents, dans les séminaires, dans les jésuitières, ou qui y ont placé leurs enfants (de n'importe quel sexe).

Et par CLÉRICAUX, j'entends encore ceux chez qui le clergé a toujours table ouverte, dans la maison desquels on ne voit que prêtres ou nonnes entrer et sortir continuellement.

Mais d'où vient donc cette union indissoluble, cette alliance éternelle du trône et de l'autel ?

C'est facile à expliquer.

Aussi longtemps que le pape est resté le vicaire réel et sérieux de Jésus, aussi longtemps qu'il s'est borné à être le serviteur réel des serviteurs de Dieu, le prêtre, son émissaire en tous lieux, a été partout l'homme du peuple, l'homme de tous.

Mais, vers l'an 800, le pape étant devenu *roi*, l'*autel* est à l'instant devenu *trône*, et le pape-roi a produit et autorisé partout une multitude de prêtres-rois, s'alliant partout à tous les roitelets, à tous les tyranneaux, à tous les importants de la grande propriété, les uns disant aux autres : « *Passe-moi la Rhubarde, je te passerai le Séné*, c'est à-dire loue-moi et je te louerai, cache-moi et je te cacherai, sers-moi et je te servirai, défends-moi et je te défendrai. »

L'aristocratie et le clergé ont donc traversé ensemble les siècles ; ils ont été ensemble les dominateurs du passé. Ensemble ils avaient créé l'ancien régime, hideux assemblage de coutumes iniques, vexatoires, odieuses ; ensemble ils l'ont défendu, ensemble ils ont croulé, ensemble ils ont ressuscité, ensemble ils cherchent à se soutenir et à se maintenir.

Chez les uns comme chez les autres ce sont mêmes regrets, mêmes besoins, mêmes colères, mêmes rancunes, mêmes espérances ; quatre fois abattus et quatre fois relevés, redevenus, à force d'artifices, les dominateurs du présent, ils s'efforcent par tous les moyens de rester les dominateurs de l'avenir, changeant ainsi en défiance et en suspicion une confiance et une estime, qui sans cela peut-être ne leur ferait pas défaut.

Le peuple ne déteste pas la religion, mais il se défie des prêtres, qui, il faut bien le dire, font parfois tout ce qu'il faut pour rendre cette défiance justifiée.

Voilà pourquoi politiquement il faut prendre garde aux prêtres, porte-voix habituels des aristocrates ; voilà pourquoi, en matière d'élection, le devoir de tout démocrate rural est de voter à l'inverse du clergé, c'est-à-dire de tous les prêtres en général, à moins que ces Messieurs n'en arrivent par ruse à recommander ou à faire recommander publiquement ceux qu'ils veulent perdre, supercherie dont je ne les crois point capables.

Au surplus, n'est-ce pas de leur union avec les aristocrates que sont nées ces infernales et odieuses maximes ?

1° Que les uns sont nés pour dominer et commander toujours, et les autres pour servir et pour obéir toujours ;

2° Que les gros et les grands doivent seuls être éclairés et instruits en vue seulement du commandement, du prestige et de la supériorité qui leur appartient et qu'ils doivent exercer sur les classes inférieures ;

3° Que la *plèbe* (la vile multitude) doit être soigneusement maintenue dans l'ignorance et dans l'abrutis sement pour être plus facilement et plus sûrement dominée, trompée, jouée et maintenue sous le joug ;

4° Que la classe inférieure ne saurait être plus utilement représentée que par la classe supérieure, c'est à dire que les petits ne peuvent être mieux représentés, protégés et défendus que par les grands ;

Que les journaliers, les laboureurs, les vignerons, les bûcherons et tous les travailleurs en général n'ont rien de mieux à faire qu'à choisir pour délégués et représentants des nobles et de gros bourgeois, c'est à dire, le marquis de. ., le comte de.. , le duc de..., le baron de... ou M. du, de ou de la..., ou quelqu'autre orgueilleux appartenant à leur parti et faisant avec eux cause commune.

Que la démocratie enfin n'a, pour agir SAGEMENT et MODÉRÉMENT, qu'à s'effacer complétement devant l'ARISTOCRATIE CLÉRICALE, qu'à lui céder toutes les fonctions, toutes les places, tous les emplois, et qu'à rentrer dans le néant d'avant 1789, dans le néant de l'ancien régime, dont elle n'aurait pas dû sortir.

Electeurs ruraux, vos votes depuis vingt ans ont été désastreux

Pendant que nous, vos frères des villes, nous sommes restés fermes et inébranlables, fidèles au drapeau de la Révolution et de la démocratie qui est celui du peuple, vous, électeurs ruraux, vous avez fait le contrai re ; vous avez lâché pied, vous êtes passés avec armes et bagages dans le camp ennemi, odieusement joués et trompés par des hommes en qui vous n'auriez jamais dû mettre votre confiance. Comme les moutons de la fable, vous vous êtes placés sous la tutelle et sous la conduite des LOUPS ; rien d'étonnant qu'ils vous aient mis en si mauvais chemin ; rien d'étonnant qu'ils aient conduit la France à sa perte ; qu'ils aient réussi à la dévorer et à la faire démembrer.

Mais à quelque chose malheur est bon : la sagesse est fille de l'expérience.

Vous avez maintenant acquis l'expérience, ou jamais, bien sûr, vous ne l'acquerrez.

Vous allez enfin, après tant de fautes commises, faire preuve d'intelligence et de virilité ; vous allez, après avoir pendant vingt ans agi en mineurs et en enfants, vous conduire enfin en citoyens majeurs, en hommes faits, jaloux d'user librement de vos droits.

Nous comptons donc sur vous désormais, comme vous pouvez compter sur nous

Soyons unis et nous vaincrons.

Et nous vaincrons partout, à l'intérieur et à l'extérieur, et les ennemis du dehors et ceux du dedans.

Au surplus, travailleurs des villages, pourquoi marcher à l'inverse de vos frères des villes, pourquoi nos votes iraient-ils éternellement à l'encontre les uns des autres ?

Est ce que vos volontés et les nôtres ne sont pas les mêmes? est-ce qu'elles ne forment pas une seule et unique volonté ?

Vous voulez ce que nous voulons et nous voulons ce que vous voulez.

Vous voulez comme nous la Liberté pour tous, l'Egalité pour tous, la Fraternité pour tous, la justice pour tous, l'injustice et le privilége pour aucun.

Nous voulons comme vous la diminution des impôts, qui sont encore plus lourds pour nous que pour vous, car les plus pauvres d'entre nous payent au moins 20 centimes par jour, ce qui fait environ 80 fr. par année.

Vous voulez comme nous, en Europe, l'abolition de la conscription et des armées permanentes, une garde nationale bien exercée devant constituer dans l'avenir la seule force armée, et toute la jeunesse sans distinction de rang et de fortune devant être soumise aux exercices militaires (ceci est écrit en 1870).

Vous voulez comme nous la fin de toutes les guerres et de toutes les boucheries humaines ; par conséquent, vous voulez comme nous par l'anéantissement de tous les trônes et par la chûte de tous les rois, l'établissement définitif de la République française, pierre fondamentale et prémière grande étoile des Etats-Unis d'Europe.

Croyez le bien, en effet, citoyens des villages, la FRATERNITÉ DES ROIS est non-seulement un affreux mensonge, mais encore la plus grande des impossibilités, et il n'y a de vrai, et il n'y a de réel, et il n'y a de possible que la FRATERNITÉ DES PEUPLES.

Et la fraternité des peuples, elle-même, ne peut être une vérité, une réalité et une possibilité qu'après la disparition de tous les rois et la constitution de tous les Etats en républiques sœurs, en républiques démocratiques et fédératives.

Etaient-ils réellement *deux frères*, ces deux grands .. .. ayant pour noms Guillaume et Napoléon, alors qu'ils s'appelaient et s'écrivaient naturellement : « MON FRÈRE. »

Les princes et les rois ! Mais quand donc les peuples auront ils tous appris à les connaître ? Quand donc en seront ils enfin rassasiés ?

Dans leur orgueil et dans leur ambition sans bornes, les monarques ne sont bons qu'à se jalouser, qu'à se combattre, qu'à jouer aux hommes, aux fusils et aux canons, de même que nous, simples mortels, leurs pions et leurs jouets, nous aimons à voir rouler les boules et tomber les quilles sur un sol choisi tout exprès.

Quant aux peuples entre eux, quelle différence de

sentiments ? Sans Guillaume et sans Napoléon, quel intérêt et quels motifs auraient eu la France et l'Allemagne de se ruer brutalement l'une sur l'autre, de s'entregorger, de se ruiner, de se détruire ? Aucun, absolument aucun.

Chez l'une comme chez l'autre, mêmes besoins de paix, d'union, de sécurité, de prospérité, de travail. Sans Guillaume et Napoléon, l'Allemagne et la France RÉPUBLICAINES eussent voulu vivre paisiblement l'une à côté de l'autre, sans haine et sans jalousie comme deux sœurs aimées.

A l'heure actuelle, quelle est au contraire leur situation ? Au lieu de la paix, elles ont la guerre, au lieu de l'abondance, elles ont la famine, au lieu de la prospérité, elles ont la misère et la ruine, au lieu de la joie, elles ont le deuil.

Citoyens des villages, nous voulons comme vous et vous voulez comme nous la séparation de l'ÉGLISE et l'ÉTAT, afin que désormais le clergé ne soit plus un instrument de règne, qu'il soit de son siècle, et qu'il reprenne dans la société moderne sa place et son rôle primitifs, des premiers siècles, sa place et son rôle de puissance neutre, agréable à tous, position qu'il n'aurait jamais dû quitter dans l'intérêt de la religion, dans l'intérêt de tous et de lui même.

Comme nous, vous voulez que tous les jeunes Français reçoivent une éducation vraiment nationale, et que les portes de nos lycées ne s'ouvrent pas seulement devant les plus riches, mais devant les plus intelligents, quelle que soit leur humble origine et le peu de fortune de leurs parents ; il faut que tous puissent servir la France et l'humanité dans les limites du possible, c'est-à dire dans les limites des forces intellectuelles que Dieu leur a départies individuellement.

Comme nous, vous êtes les enfants de la France ;

comme nous, vous avez intérêt à ce qu'elle soit bien gouvernée ; comme nous, vous reconnaissez qu'elle ne peut être bien gouvernée que par elle même.

Comme nous, vous avez intérêt à ce que la plus sévère économie règne partout et la prodigalité nulle part, car les grosses dépenses ne peuvent être couvertes que par de grosses recettes, et les grosses recettes sont filles des gros impôts.

Comme nous, vous avez intérêt à ce que vos fils ne soient plus enrégimentés pendant neuf ans et plus, à ce qu'ils restent auprès de leurs pères, pour leur prêter le secours de leurs bras, aux champs ou à l'atelier. (Nous sommes en 1870).

Toutes ces choses, vous les voulez comme nous et nous les voulons comme vous.

Dès lors, comment se fait il qu'unis dans les intentions, nous soyons désunis dans l'action et que presque toujours nous agissions en sens inverse, les uns détruisant et renversant ce que les autres élèvent et construisent si péniblement et si dispendieusement ?

Faisons un retour sur le passé et constatons bien, une fois pour toutes, que telle a été toujours malheureusement votre manière d'agir depuis que le suffrage universel existe.

Vous aimez peu les nobles, les cléricaux, les aristocrates, et cependant vous votez pour eux, et cependant vous en faites continuellement vos représentants dans les assemblées, à Paris, au Conseil général.

Vous voulez la paix et la prospérité et vous votez la guerre et la ruine ;

Vous voulez l'économie et la diminution des impôts et vous votez continuellement pour ceux qui vivent de prodigalités, de subventions, de liste civile, c'est-à-dire d'impôts;

Vous voulez nommer vous mêmes vos maires et vous

choisissez pour députés et législateurs des hommes qui y sont opposés;

Vous êtes las des révolutions et vous cherchez sans cesse à rétablir la monarchie, c'est-à-dire le pouvoir à vie et l'hérédité, ces deux sources de tous les abus et de tous nos maux, ces deux causes de toutes les révolutions en France et ailleurs.

Vous êtes maîtres absolus, vous avez le droit absolu de congédier celui ou ceux qui étant au gouvernail, vous servent mal, et vous vous empressez de renoncer à votre droit souverain en faveur d'un prince, c'est-à-dire d'un scélérat, d'un gourmand et d'un incapable, quitte à reconquérir ce droit un peu plus tard au moyen d'une nouvelle révolution.

Agir ainsi, ce n'est assurément faire preuve ni de sagesse, ni d'intelligence ou d'habileté.

Mais d'où peut donc provenir entre vous et nous, citoyens des villages, cette différence de conduite ?

Elle provient d'abord de ce que vous ne lisez pas assez, de ce que vous ne cherchez pas assez à savoir, à connaître, à vous éclairer sur les actes de vos gouvernants

Elle provient du plus funeste des malentendus.

Elle provient surtout de l'antagonisme infernal, de l'antagonisme criminel habilement créé et entretenu dans les campagnes par les gros et les grands, et par leurs amis les cléricaux, dans le but de se maintenir au pouvoir, d'entraver et de faire avorter continuellement la révolution en faveur de leur prédominance et de leur privilége sociaux.

En soulevant les campagnes contre les villes, en calomniant les électeurs urbains, ils ont maintenu pendant vingt ans leur toute puissance, et ils nous ont conduits dans le bourbier où nous sommes actuellement.

Paysans, nos frères, plus d'antagonisme, plus de malentendu désormais entre nous, soyons unis, marchons ensemble, et votons ensemble comme un seul homme.

Et ce faisant, nous consoliderons la République, et avec la République, nous panserons et nous guérirons nos blessures, et tout ira bien.

AUX ÉLECTEURS

DU SÉNAT RÉPUBLICAIN

Parmi les proverbes, il en est un qui dit : FLATTER c'est MENTIR ; flatter c'est TROMPER. Et ce n'est point assurément par ce que les proverbes sont faux qu'on les a appelés et qu'on les appelle toujours l'*expérience des siècles*, la *sagesse des nations*.

On trompe donc les électeurs ruraux lorsqu'on leur dit : « Vous êtes la crême, vous êtes le salut de » la nation ; vous êtes les défenseurs, par excellen- » ce, du droit et de la justice, de la propriété et du » bon ordre. Vous êtes les seuls *bons citoyens*, les » seuls *bons électeurs*, car vous ne lisez pas les jour- » naux, *vous ne vous occupez jamais de politique.* »

C'est absolument comme si on leur disait : « Braves gens ! braves citoyens ! Si vous voulez » que vos affaires aillent bien, que votre commer- » ce, que votre industrie, que votre agriculture » prospère et progresse, *ne vous en occupez pas* ; » abandonnez-en la direction à tous les hasards, » appliquant continuellement votre intelligence et

» votre attention à toute autre chose. Vous le savez,
» *il y fait beaucoup plus clair la nuit que le jour* ;
» fermez donc les yeux à la lumière, à l'aide du plus
» épais bandeau possible, *et vous apercevrez mieux*,
» et vous suivrez plus facilement le droit chemin.
» Faites comme l'aveugle, laissez vous guider et
» conduire, obéissez docilement en toute circons-
» tance à ceux qui sont jaloux de votre suffrage,
» qui maudissent votre toute puissance et surtout
» les auteurs de votre toute-puissance (les républi-
» cains), et qui voudraient bien être assez forts
» pour vous en dépouiller. Faites cela, *vous qui*
» *voulez le bien*; *imitez vos anciens*, et ne vous écar-
» tez jamais de la voie de nos bons avis, si vous
» tenez à échapper au PÉRIL SOCIAL et à voir régner
» en tous lieux le BON ORDRE et la TRANQUILLITÉ. »

De la part de ceux qui luttent encore en faveur des *classes dirigeantes*, qui s'efforcent de *conserver* et de perpétuer l'ignorance, pour maintenir entre leurs mains le plus longtemps possible la toute-puissance nationale et en disposer à leur gré, ce langage n'a rien qui doive étonner, c'est de l'eau de source suivant sa pente inévitable. L'électeur ignorant, l'électeur qui ne s'occupe de rien *politiquement* est seul capable de supporter leur tutelle, de faire leurs affaires, croyant faire les siennes. Rien de plus naturel et de plus logique qu'il ait seul pour eux de la valeur, qu'il mérite seul à leurs yeux le titre de *bon électeur*.

Mais bien différent est le langage des républicains démocrates : « Lisez et instruisez-vous, ne
» cessent-ils de crier aux électeurs peu éclairés ou

» trop indifférents, si vous ne voulez être le véri-
» table *danger social*, si vous voulez être partout et
» toujours des citoyens clairvoyants, utiles à votre
» pays et à vous-mêmes, n'agissant jamais au
» hasard, à l'aventure et sans discernement. »

Quoi ! le suffrage universel existe ; il est le souverain maître, il est la loi suprême et le salut de tous ; il constitue et réalise l'idéal le plus beau, le gouvernement du pays par le pays (IL EST LE GOUVERNEMENT !) et son premier devoir, d'après les *grands avocats* des classes dirigeantes, serait *de ne point s'occuper de politique*, c.'-à-d. de *lui-même* comme si la politique n'était pas la *science* de bien administrer, de bien gouverner, de bien faire ses affaires et celles du pays, qui sont les affaires de tous, comme si chaque citoyen n'avait pas pour obligation de s'occuper de politique, de se tenir au courant, autant que possible, de tout ce qui se fait, de tout ce qui se dit d'intéressant pour la chose publique, c'-à-d. pour lui-même, car il doit être toujours prêt, lui membre imperceptible du gouvernement appelé suffrage universel, lui, électeur souverain, lui, pesant dans la balance des intérêts généraux autant que quiconque plus huppé que lui, à jeter son bulletin pour contrepoids le jour où il s'aperçoit que la direction est mauvaise et que les chefs élus font fausse route.

Le vote de tout électeur doit donc être toujours un vote éclairé, un vote conscient, un vote qui ne soit pas la négation de ce que l'électeur pense et désire, un vote qui ne démolisse pas *bêtement* ce qu'il a l'intention de maintenir et de consolider, ou qui maintienne et consolide, *sans le savoir, sans s'en apercevoir*, ce qu'il a l'intention d'abolir et de faire disparaître, ou bien encore qui *rétablisse* et ressuscite ce qu'il a voulu détruire à tout jamais. Et, pour que ce vote soit ce qu'il doit être, il faut que tout citoyen s'occupe suffisamment de *politique*, qu'il lise les journaux, les journaux foncièrement et sincèrement *démocratiques*, bien entendu, s'il tient à ne pas nourrir son esprit de contre-vérités, de mensonges, de calomnies et de perfidies, car le mensonge et la ruse sont les armes *du faible et de l'impuissant*, et les adversaires seuls de la *démocratie républicaine toute puissante*, ont besoin d'en user contre elle dans l'intérêt particulier des classes dirigeantes, alliées de tout temps aux princes et aux rois, distributeurs des places et emplois au grand râtelier dit liste civile. Entendez-vous cela, feuilles venimeuses et perfides, feuilles ennemies du bien public et des intérêts du grand nombre, feuilles qui avez nom le *Journal de Bordeaux*, le *Courrier de la Gironde*, la *Province*, la *Guienne*, l'*Espérance de Blaye*, la *Chronique de Libourne*, le *Glaneur de Bazas* et le *Girondin* de la Réole ! Ce n'est point trop tôt de vous signaler au corps électoral comme un fléau empoisonneur, comme une véritable peste nationale ou départementale en temps d'élection.

Par conséquent, il y a électeur et électeur comme il y a farine et farine. Les citoyens qualifiés de *bons électeurs* par MM. Jérôme David, Aymen, Hubert-Delisle, Dréolle, Carayon-Latour, etc., ne sont ni ne peuvent être de la même pâte et du même bois que ceux appelés *bons électeurs* par MM. Fourcand, Dupouy, Sansas, Simiot, Roudier et Caduc. Les premiers ayant en aversion les électeurs qui s'occupent de politique, et mettant tout leur espoir dans le bataillon des illettrés et des ignorants, lesquels font tout naturellement le désespoir des seconds à cause de leurs votes irréfléchis, insensés et *suicidants*.

Bientôt (avant trois mois) la lutte va s'engager, à propos des élections sénatoriales, entre les bons et les mauvais électeurs, c'est-à-dire entre les hommes du *progrès* et les hommes de *réaction*, entre les *conservateurs de la République* et les *ex-conservateurs de l'empire*.

Pour la première fois, le Sénat français aura une origine démocratique. Au lieu d'avoir été choisi par le chef de l'Etat (empereur, roi, noble prince ou noble duc) il sera élu par la nation, avec obligation de travailler pour elle et de veiller à ses intérêts, Ainsi l'ont voulu les républicains; ainsi ne l'entendaient pas les royalistes, encore moins les bonapartistes qui on tous voté *contre* en dernier lieu après avoir voté *pour* et *contre* à la première épreuve, se livrant ainsi au jeu perfide, au jeu coupable d'*enrayeurs* publics.

Que voulaient les 330 députés républicains dans le premier projet (ayant leurs préférences) voté par l'Assemblée et repoussé par MM. de Broglie et Compagnie? ils voulaient un Sénat élu par le suffrage universel direct, ayant la même origine que la chambre des représentants, image fidèle (comme cette dernière) de la majorité des électeurs français, faisant prévaloir en toute circonstance les volontés, les intérêts de cette majorité. Ce projet ayant dû être abandonné, les 330 députés républicains auraient préféré un Sénat élu par des délégués communaux à raison de *un délégué* par 500 habitants et au-dessous, ce qui aurait donné pour le département de la Gironde (population 720,000 habitants) 1,500 délégués environ répartis entre les arrondissements de la manière suivante :

Bordeaux, ville et banlieue. . .	440	délégués.
Arrondissement de Bordeaux. . .	360	—
— de Blaye. . . .	125	—
— de Bazas. . . .	120	
— de La Réole. . .	115	—
— de Libourne. . .	250	
— de Lesparre . .	90	—
Total égal. . .	1,500	délégués.

Mais cette nouvelle combinaison ne pouvait convenir à des gens qui ont les villes (grandes et petites) en suprême aversion, et qui rêvaient depuis si longtemps le moyen de les annuler complètement pour n'avoir plus en face d'eux qu'une France rurale, c'est-à-dire une France inconsciente et soumise ; elle ne pouvait convenir surtout à des gens dont la *non nomination* du Sénat par le président contrariait tous les desseins.

C'est alors que le grand citoyen Gambetta, indigné et poussé à bout par tant de mauvais vouloir, a dit à la Droite, dont les bonapartistes forment la queue ou appendice : On nous propose l'effacement, l'anéantissement des villes, l'absorption complète des grandes communes au nombre de 12,000 (renfermant ensemble 25 millions d'habitants) au profit des petites communes au nombre de 25,000 (ne comprenant ensemble que 12 millions d'habitants) ..... mieux vaut encore cela que rien. Puisque les adversaires du suffrage universel le veulent absolument, qu'il en soit ainsi. La France a besoin du définitif pour se refaire : par patriotisme et par devoir donnons-lui du définitif. Nous acceptons votre projet tel quel, malgré ses imperfections, laissant à l'avenir le soin de le corriger, et nous nous contentons pour le moment d'un Sénat élu par les 36,000 délégués des 36,000 conseils municipaux, et nous aurons pour ce Sénat, et pour ses décisions, quelles qu'elles soient, déférence, respect et soumission, car il sera constamment, pour nous républicains, le *Grand Conseil élu des communes françaises.*

La ville de Paris avec ses deux millions d'habitants ; la ville de Bordeaux avec ses 200 mille habitants, la ville de Libourne avec ses 15,000 habitants, la ville de Blaye avec ses 5,000 habitants, n'aura donc qu'une voix dans l'urne sénatoriale, ni plus ni moins que chacune des communes de Virsac, de Mouillac, de Tarnès, de Lafosse et de Saint-Vivien, qui comptent chacune moins de 250 habitants !!! C'est peut-être injuste, irrationnel, presque absurde... mais qu'y faire ? C'est la loi, et elle doit être obéie et respectée jusqu'à ce qu'elle ait été changée et améliorée. L'important, pour le moment, était de sortir du provisoire, et nous allons enfin en sortir.

Maintenant, en présence de l'inconnu, faut-il craindre ou faut il espérer? Les 36,000 délégués seront ils à la hauteur de leur mission constitutionnelle? Refouleront ils dédaigneusement dans le néant les caudidats sinistres de l'empire? Tromperont-ils dans leur attente les enrayeurs maudits de la forme républicaine, et enlèveront ils enfin tout espoir à ce parti des *longues dents*, furieux de n'avoir plus de millions à dévorer? Prouveront ils que la majorité républicaine n'a pas trop présumé de leur patriotisme, de leur sagesse et de leur sagacité? Comprendront-ils qu'avec la perspective certaine d'*une chambre de représentants*, aux trois quarts républicaine, élue sous l'influence de toutes les villes chefs lieux, il serait souverainement imprudent et impolitique de nommer, pour lui faire opposition systématique un Sénat bonapartiste cherchant à barrer le chemin à la République, à en empêcher l'expérience loyale, au profit de la résurrection d'un empire détestable et détesté.

Les 330 républicains qui ont voté la Constitution du 25 février 1875, malgré certaines répugnances justifiées, ont pensé qu'il fallait avoir confiance et espérer. Selon eux, il est impossible, tout à fait impossible, que tant d'hommes sages et honnêtes, pleins de raison et de bon sens, délibérant en commun, mêlés à tant d'hommes éclairés, élisent les candidats bonapartistes du *faux appel au peuple*, qu'ils commettent cette immense et irréparable folie, après avoir été témoins de si grands maux et victimes de si terribles mécomptes.

Par conséquent, les 36,000 délégués, électeurs sénatoriaux, réunis en Conclave, n'éliront point de sénateurs bonapartistes, car ils voudront certainement faire savoir à l'Europe et au monde entier qu'il n'a jamais été dans leur intention de rétablir le râtelier impérial ; qu'à leurs yeux c'est bien le bonapartisme qui est responsable de la ruine et du démembrement de la France ; lui qui a follement déclaré la guerre à la Prusse pour une vétille, et élevé en vingt ans la dette publique de 5 milliards à 25 milliards ; d'apprendre aux peuples des deux hémisphères que la France a tout oublié, tout pardonné à Bonaparte et à ses parti sans, son humiliation, ses revers, ses finances obérées, ses frontières retrécies, son influence perdue, son prestige détruit, sans compter les dilapidations, les machinations et les audacieuses entreprises des nouveaux bandits de décembre.

Les 36,000 délégués n'enverront pas au Sénat les candidats bonapartistes, car ce serait plonger la France dans les tiraillements, dans l'inertie, dans la stagnation, dans le marasme ; car ce serait faire échec à toutes les bonnes lois qui auraient pour but de satisfaire les volontés, les intérêts et les besoins du plus grand nombre, c'est-à-dire de l'immense majorité des citoyens français, ce serait contrecarrer toutes les mesures qui auraient pour but de faire aimer la République, d'en faire apprécier les avantages et les bienfaits.

Bien au contraire, les 36,000 délégués n'enverront au Sénat conservateur de la République que des sénateurs républicains, et en agissant ainsi, ils auront travaillé avec intelligence au bien public, en barrant l'avenir au bonapartisme, en lui enlevant tout espoir de succès. Ils n'enverront que des sénateurs républicains, car ceux-là seulement portent intérêt à la République, désirant qu'elle soit aimée et non détestée ; ceux-là seuls veulent et peuvent travailler à sa consolidation et à son maintien ; eux seuls sont intéressés à ce qu'il n'y ait plus en France ni coup d'Etat, ni révolution, à ce que tout progrès s'accomplisse régulièrement et pacifiquement, à ce que le travail reprenne, que l'agriculture prospère, que le commerce, l'industrie et les beaux-arts fleurissent, car eux seuls ont créé le suffrage universel et se trouvent être les seuls vrais bons patriotes, les seuls bons citoyens et les vrais bons défenseurs et interprètes des intérêts du pays.

Enfin, nommer des sénateurs républicains c'est ajourner pour longtemps la revanche nationale et assurer à la paix la plus longue durée possible.

Quels sont, en effet, les dispositions de chaque parti? Chez les républicains partisans de la formation des *Etats Unis d'Europe* existe naturellement le désir de voir éteindre les haines internationales, principal obstacle à leur projet. Pour eux la revanche est nécessairement subordonnée à une agression de la Prusse.

Chez les bonapartistes, au contraire, existe le désir violent de la revanche immédiate, au risque de faire écraser, envahir et ruiner la France une quatrième fois, pressés qu'ils sont de se décharger du remords qui les ronge et de l'humiliation qui les accable, à cause de l'Alsace-Lorraine perdue par leur imprévoyance, par leur folle déclaration de guerre et par leur impéritie.

Quant aux royalistes, chez eux même violent désir de détruire à bref délai l'unité italienne au profit du pape-roi et de rétablir dans la péninsule l'ancien ordre de choses, ce qui mettrait immédiatement aux prises la France appuyée par l'Autriche d'un côté, et l'Italie appuyée par la Prusse de l'autre.

Voter pour des candidats républicains c'est donc voter pour la paix, et voter differemment c'est voter pour la guerre.

Elire des *senateurs républicains*, c'est faire preuve de tact, de sagesse, d'habileté, d'intelligence, de discernement ; c'est travailler à l'union et à la concorde entre les trois grands pouvoirs de l'Etat, qui sont : Le *Sénat*, la *Chambre des représentants* (laquelle sera certainement républicaine aux trois quarts) et le *Pouvoir présidentiel* ; c'est en quelque sorte atténuer et même faire complétement disparaître l'imperfection regrettable du pacte constitutionnel à l'endroit des *électeurs sénatoriaux* et du *joug des petites communes imposé aux grandes* ; c'est accorder TRÈS LONGUE VIE à la Constitution républicaine de 1875, et assurer à la France de longs jours de stabilité et de repos, car si les deux assemblées sont composées des mêmes éléments, elles feront bon ménage ensemble, et il n'y aura pas sujet à révision du pacte constitutionnel avant vingt-cinq ans.

Le raisonnement de la Prusse avant 1870.

Tenons-nous prêts !

Napoléon a d'abord vaincu et humilié la Russie ;

Puis il a vaincu et humilié l'Autriche ;

A présent c'est le tour de la Prusse et de l'Allemagne d'être vaincues et humiliées ;

Il ne faut pas que cela soit.

Ayant à peu près commencé comme son oncle, il faut qu'il finisse comme lui.

Au lieu d'être humiliée et affaiblie par la France, il faut que ce soit la France qui soit humiliée et affaiblie par l'Allemagne.

Donc, faisons silence et tenons nous prêts.

Le raisonnement de la France dans le même moment.

Napoléon III veut la guerre, et moi, la France, je veux la paix.

Donc, pour maintenir la paix, désarmons !

Pour rendre la guerre impossible, désarmons !

Jamais la Russie ne nous attaquera ;

Jamais l'Autriche ne nous attaquera ;

Jamais la Prusse ne nous attaquera ;

Jamais l'Italie ne nous attaquera ,

Jamais l'Angleterre ne nous attaquera, car elles n'ont, ces cinq grandes puissances, aucun intérêt, aucun motif pour le faire.

D'un autre côté, pour que la paix existe et soit de longue durée, il faut que Napoléon, qui veut la guerre, ne puisse entraîner la France qui veut la paix, et qu'il soit mis dans l'impossibilité d'attaquer.

Donc, pour rendre la guerre impossible, rendons l'attaque impossible, désarmons !

Désarmons afin que le despote soit forcé de se borner à la défensive, à se tenir seulement en expectative d'un péril impossible (mais qu'il est prudent de supposer).

Ah ! ah ! s'est dit alors Napoléon III, je veux la guerre, j'en ai besoin, et la France ne la veut pas. Que dois-je faire ? lui obéir ? non. Elle m'a fait son maître absolu : c'est à elle de m'obéir et elle m'obéira, je le jure. Donc je vais déclarer la guerre sans elle et malgré elle. Si je ne suis pas prêt, tant pis : avec le temps je me préparerai. D'ailleurs, la Prusse, qui est pauvre, ne saurait mettre sur pied en une seule fois ses 1.200,000 soldats.

Donc, le grand crime de Napoléon ce n'est point de n'avoir pas été prêt à faire la guerre, c'est d'avoir déclaré la guerre malgré la France, sachant que la France ne la voulait pas ; c'est de l'avoir déclarée sans être prêt ; mais il la lui fallait surtout cette guerre, coûte que coûte, pour éblouir par des victoires et par des conquêtes cette France qui ne voulait plus être opprimée, trompée, volée, pillée et qu'il s'agissait de replacer sous le joug.

Le 17 juillet 1870, le despote qui voulait la guerre *même sans être prêt*, l'a déclarée uniquement pour se venger de la France, qui ne la voulait pas. C'est là son plus grand forfait, c'est là son plus grand crime devant les contemporains et devant la postérité.

Le très minime motif de la déclaration de guerre du 19 juillet 1870.

DIALOGUE

Mardi 12 juillet.

L'AMBASSADEUR FRANÇAIS BENEDETTI. — Sire, je viens prier votre majesté d'intervenir auprès de son parent le prince de Hohenzollern et de l'obliger à renoncer au trône d'Espagne dans l'intérêt de la paix entre les deux nations.

LE ROI GUILLAUME. — Je vous accorde votre demande. Je vais intervenir immédiatement, selon le désir de mon auguste frère l'empereur Napoléon.

Mercredi 13 juillet.

L'AMBASSADEUR FRANÇAIS. Sire, conformément aux ordres de mon auguste maître, je me rends de nouveau auprès de votre majesté pour savoir d'elle l'accueil fait par S. A. royale le prince de Hohenzollern à la demande de renonciation que j'ai exprimée avant hier au nom de mon gouvernement.

LE ROI GUILLAUME. Mon parent, le prince de Hohenzollern, a suivi mon conseil ou plutôt il a obéi à ma volonté. Il renonce définitivement et complétement au trône d'Espagne, et je me porte garant de cette renonciation.

L'AMBASSADEUR FRANÇAIS. — Je vais immédiatement télégraphier à Paris cette bonne nouvelle, qui aplanit de la façon la plus heureuse la complication survenue.

LE ROI GUILLAUME. — Je suis très satisfait moi-même

d'avoir contribué ainsi à dissiper toutes les appréhensions et à maintenir la paix entre la France et la Prusse.

Jeudi 14 *juillet.*

L'AMBASSADEUR FRANÇAIS. — Sire, contre mon attente et à mon grand regret, j'ai la douleur de vous annoncer que l empereur Napoléon, mon auguste maître, ne trouvant pas suffisantes les garanties offertes par votre majesté, me charge de lui en demander de nouvelles, qui sont d'*étendre* la rénonciation et la garantie subséquente à tous les membres de la famille royale prussienne des Hohenzollern, et ce non seulement en vue du présent, mais aussi en vue de l'avenir.

LE ROI GUILLAUME. — L'empereur votre maître a bien peu de confiance dans ma parole royale, à ce qu'il paraît, et il est vraiment trop exigeant et trop difficile à satisfaire. J'ai accordé tout ce qui devait être accordé, j'ai atteint la limite des concessions possibles ; ma dignité personnelle me défend d'aller plus loin. Donc, si votre empereur n'est pas content, j'en suis bien fâché : s'il insiste dites lui qu il m'embête et qu'il aille se faire f ....

Vendredi 15 *juillet.*

L'AMBASSADEUR FRANÇAIS. — Sire, l'empereur Napoléon, mon auguste maître, me charge de vous remettre la *présente déclaration de guerre*, en réponse à l'insulte que vous lui avez faite hier dans la personne de son ambassadeur, en l'envoyant faire f.....

LE ROI GUILLAUME. — C'était là qu'il voulait en venir ; [illegible]epte au nom de l'Allemagne tout entière. Votre [illegible]re ne me prend point au dépourvu. Je m'y atten-

-dais depuis longtemps: Après la Russie, le tour de l'Autriche; après l'Autriche, le tour de la Prusse; c'était logique, c'était inévitable. Nous aussi en 1851, lorsque Napoléon s'est emparé de la France, nous avions les garanties des deux traités de Vienne(en 1814 et 1815) interdisant le trône de France aux membres de la famille Bonaparte; est ce que nous avons fait *un cas de guerre* du retour au pouvoir de leur dynastie? Nous avons laissé la France libre de se faire gouverner comment et par qui elle voudrait, et cependant il était dès lors dans les habitudes des *Napoleons* de troubler la paix de l'Europe dans l'intérêt de leur ambition et de leur orgueil. Allez, M l'ambassadeur, Dieu est juste, et il sera avec nous contre la France et contre son chef détestable et détesté, aujourd'hui plus que jamais affolé et extravagant. Que la responsabilité du sang qui va être versé retombe sur lui et sur sa race maudite.

L'audace et la perfidie des Bonapartistes

Aussi longtemps qu'il y aura des électeurs illettrés ou ne s'occupant pas de *politique*, aussi longtemps il y aura des BONAPARTISTES cherchant à faire des dupes et des victimes. Le véritable fléau du jour c'est le *bonapartisme*.

Rien n'égale présentement l'audace, l'effronterie et la perfidie de ces gens là.

A les entendre, ce n'est point Badinguet qui a *déclaré la guerre* au roi de Prusse, c'est au contraire ce dernier qui la lui a déclarée, ou bien c'est le parti républicain *qui l'a amenée*, et qui y a conduit fatalement Badinguet, en l'irritant sans cesse, en refusant de l'adorer et de l'applaudir, en le forçant à avoir continuellement besoin d'une nouvelle guerre pour détourner les yeux (des Français) de tous les vols, de toutes les rapines et de toutes les malversations et oppressions qui se commettaient sous son règne.

Le grand coupable, le vrai coupable, le seul coupable c'est le républicain Jules Favre ou bien c'est le républicain Gambetta.

Donc : *Sus à la République et vive Napoléon !!!*

Non, ce n'est point le très sage, le très profond, le très avisé Badinguet qui a fait perdre à la France son *Alsace Lorraine* avec deux millions d'habitants, c'est à dire Strasbourg avec tout le *Bas Rhin*, Colmar et Mulhouse avec tout le *Haut-Rhin*, Metz et Thionville avec les trois quarts de la *Moselle*,..... avec le tiers de la *Meurthe* et le tiers des *Vosges*. Non, ce n'est pas le grand homme d'Etat Badinguet qui a fait cela. C'est le républicain Jules Fa vre ou bien le républicain Gambetta.

Donc : *Sus à la République et vive Napoléon!!!*

Qui donc commandait en chef le 6 août 1870 la grande armée du Rhin, protectrice de notre Alsace Lorraine, divisée en six corps d'armée ? était ce le césarien Badinguet ou le républicain Gambetta ?

Qui donc avait conçu cet habile plan de *dissémination* qui nous a valu l'écrasement immédiat de nos 250,000 hommes, si maladroitement éparpillés sur une ligne de soixante lieues, depuis Forbach jusqu'à Werth ! Est-ce le césarien Badinguet ou le républicain Gambetta ?

Qui donc commandait en chef, ayant sous ses ordres les Frossard, les Bazaine et les De Failly ? était-ce le césarien Badinguet ou le républicain Gambetta ? Qui donc a livré Strasbourg avec la clef de l'Alsace, et Metz avec la clef de la Lorraine, et les 200 mille hommes qui les défendaient ? Les généraux Bazaine et Coffinières avaient-ils été nommés par le césarien Badinguet ou par le républicain Gambetta ? Par conséquent, ce sont les républicains et leur République qui ont perdu l'Alsace-Lorraine.

Donc : *Sus à la République et vive Napoléon !!!*

Qui donc, après tant de désastres subits, a eu la grande folie, a commis le grand crime de ne point désespérer sitôt de la victoire, de ne pas croire la France définitivement vaincue et accablée, après vingt-huit jours seulement d'héroïques combats et de revers inattendus ? est-ce le grand capitulard de Sedan ou le grand patriote républicain Gambetta qui a fait cela ? Qui donc a pu croire alors que la France de 1792 pouvait revivre dans la France de 1870, bien qu'énervée par vingt ans d'empire corrupteur ? Qui a cherché à organiser la levée en masse contre l'invasion du sol sacré de la patrie, dans l'espoir patriotique de guérir les terribles défaites du commencement par les victoires autrement glorieuses et décisives de la fin ? Qui donc l'a fait (cela) ? A coup sûr ce ne peut être le lâche capitulard de Sedan ; ce doit être le grand patriote républicain Gambetta.

Donc : *Sus à la République et vive Napoléon !!!*

Qui donc a conclu à Biarritz, avec Bismark, en juillet ou en août 1866, et en présence de l'impératrice Eugénie (qui s'écriera plus tard : c'est ma guerre !) cet *immoral traité secret* qui dépouillait l'Autriche au profit de la Prusse, et l'Allemagne au profit de Napoléon III et de sa dynastie, préparant ainsi la desaffection de l'Autriche et la haine de l'Allemagne ! est ce le républicain Gambetta, ou bien le césarien Badinguet, d'abominable mémoire ? Fameux bonapartistes répondez : « c'est notre chef tant regretté qui a fait cela, » et n'en continuez pas moins à crier :

Sus à la République et vive Napoléon !!!

Qui donc encore, après avoir tâté le pouls à Bismark, à Biarritz ou ailleurs, et avoir compté sur ses promesses, lui en faisant en échange qui ne valaient pas mieux, qui donc a commis la faute impardonnable d'affaiblir l'armée française en expédiant au Mexique nos meilleurs soldats ? Qui donc nous a tenus impuissants avant comme après Sadowa ? Qui a fait cela ? Est-ce le républicain Jules Favre ou le républicain Gambetta ? Fameux bonapartistes, répondez : C'est notre empereur tant regretté qui l'a fait... *cela*, et n'en continuez pas moins à hurler effrontément :

Sus à la République et vive l'empereur !!!

Qui donc a imaginé et ordonné cette guerre lointaine du Mexique, dont le but, quatre fois coupable, était : 1° de se faire pardonner le secours accordé à Victor Emmanuel et de consoler l'empereur d'Autriche, frère de Maximilien, de la perte de la Lombardie et de l'Emilie ; 2° de faire oublier au pape Pie IX la perte des Romagnes et de l'Ombrie ; 3° de prêter un appui indirect aux esclavagistes américains de Richmond et de la Nouvelle Orléans, et de travailler ainsi à l'effondrement et au partage de la grande République américaine ; 4° de détourner *par là* la nation française de l'examen de ses affaires intérieures et de la conquête de ses libertés, en appelant son attention à deux mille lieues de là sur les résultats divers de cette guerre stérile. Est ce le républicain Jules Favre ou le monarchiste, le césarien Badinguet, qui a fait cela ? Fameux bonapartistes, répondez : C'est notre empereur tant regretté, le *propre à rien* Badinguet qui a fait cela ! et n'en continuez pas moins à hurler effrontément :

Sus à la République et vive Napoléon !!!

Qui donc a obligé le général Lebœuf à venir dire aux députés de la France, sur l'interrogation du grand citoyen Thiers : Nous sommes prêts, dix fois prêts ; il ne nous manque ni un fusil ni un canon, ni un bouton, ni une boucle, ni une courroie : nos arsenaux regorgent d'armes et d'approvisionnements de toute espèce ; notre succès est certain. Est-ce le républicain Gambetta ou l'insensé Badinguet qui a fait cela? Répondez, très audacieux bonapartistes, et si c'est votre perfide empereur tant regretté, subitement frappé de folie ou d'aveuglement, qui l'a fait... *cela*, n'en continuez pas moins à hurler effrontément :

Sus à la République et vive l'empereur !!!

Ce n'est point non plus le très habile, le très prudent Badinguet, qui s'étant cru *grand général* alors qu'il était capable tout au plus de faire un *mauvais caporal*, ce n'est point, dis je, le fameux Badinguet qui s'est dit en lui-même : « Je n'ai que 250,000 soldats à opposer aux 700,000 soldats que le roi de Prusse peut mettre en ligne immédiatement, mais il est peu probable que mes armées aient à combattre dans de pareilles proportions. Les millions manquant à Berlin, la lutte ne peut que s'engager à nombre égal, et j'aurai le temps d'achever mes préparatifs à peine commencés. Non, ce ne peut être Badinguet le clairvoyant, le *rusé* qui a raisonné ainsi, très certainement c'est le républicain Jules Favre ou le républicain Gambetta.

Donc : *Sus à la République et vive Napoléon !!!*

Ce n'est point, non plus, le très prudent et le très avisé Badinguet qui a révélé à la Prusse, dans sa célèbre proclamation au peuple français, le secret de sa faiblesse et de sa folle présomption, en s'écriant : LA GUERRE SERA LONGUE ET DIFFICILE. Ce qui voulait dire : Je ne suis pas prêt, je ne puis vaincre dès le commencement, ma tactique doit être de faire traîner la guerre en longueur, pour avoir le temps de me préparer et pour obliger la Prusse, qui est très pauvre, à dépenser des milliards, que la France me fournira toujours *à moi* sans difficulté (1). Non, ce n'est pas le grand génie Badinguet qui a fait ce raisonnement absurde, c'est l'insensé républicain J. Favre, ou bien c'est l'écervelé républicain Gambetta.

Donc : *Sus à la République et vive Napoléon !!!*

Ce n'est point le très honnête Badinguet qui, d'accord avec ses très honnêtes ministres, a détourné pendant dix ans les 12 millions par année provenant des exonérations, et les 150 millions par année provenant de l'entre tien et de la nourriture de 300 mille soldats qui n'exis taient que sur le papier (un demi-million par mille hommes) l'armée française ne recevant sur chaque classe que 40,000 recrues, auxquels venaient s'ajouter 18,000 engagés seulement. Non, ce n'est pas le très loyal Badinguet, mari de la très pieuse Eugénie, qui a fait cela, c'est le déloyal républicain Jules Favre, ou bien c'est le mauvais patriote, le très rapace, le très avide, le grand traître Gambetta,

Donc : *Sus à la République et vive Napoléon !!!*

Ce n'est point le très véridique et le très loyal Badinguet qui, au lendemain de nos désastres, a cherché à faire croire à la France que tous les chassepots de réserve se trouvaient, par un hasard fâcheux, renfermés dans les

---

(1) Sur cette stupide déclaration d'impuissance, qu'ont fait Guillaume et Bismark, en joueurs habiles ? « *Jouons immédiatement le va tout*, » se sont-ils dit : nous n'avons que *trois cents millions* à dépenser, » dépensons les sur le champ. La France ne manque pas d'argent, mais » elle manque d'armes et de soldats : ne lui donnons pas le temps de » s'en procurer, et jetons lui au début sur le corps les 700,000 hommes » de l'armée prussienne. Si nous n'abattons pas l'armée française (plus » faible de moitié) du premier coup de collier, si nous ne l'avons pas » écrasée avant trois mois, nous sommes perdus. Ah ! La France n'est » pas prête ! son empereur l'avoue, alors ne lui donnons pas le temps » de se préparer ! »

arsenaux tombés au pouvoir des Prussiens, ou cernés par eux à Metz, à Sedan, à Strasbourg! non, ce n'est pas le loyal et honnête Badinguet qui a télégraphié ce mensonge, destiné à tenir caché un peu plus longtemps tous ses détournements, tous ses vols. Ce ne peut être que le républicain Jules Favre qui a fait cela, ou bien encore le farouche républicain Gambetta !

Donc: *Sus à la République et vive Napoléon !!!*

Ce n'est point non plus le très clairvoyant Badinguet qui a complétement négligé de perfectionner notre organisation et notre armement militaire : c'est la minorité républicaine des 14 députés sur 293 qui a fait cela, en réclamant inutilement pendant dix ans l'abolition du système des exonérations et la réduction de la durée du service militaire (3 ans au lieu de 9) de façon à avancer 3 fois plus à faire des soldats-*citoyens* (2,700 mille au lieu de 900 mille) et à posséder une garde nationale réelle, sérieusement et *localement* organisée, espérant bien qu'en l'année 1870 jamais la Prusse (notre seule adversaire possible) ne commettrait la *folie* de déclarer la guerre à la France, étant bien résolue ainsi que nous à se tenir sur la défensive. A qui donc reprocher d'avoir commis cette folie, après avoir commis ces négligences coupables? aux 14 républicains ayant à leur tête J. Favre et Gambetta, ou b en aux 280 députés bonapartistes couchés à plat ventre devant leur vénérable maître, ne rêvant que victoires et conquêtes, ... et dilapidations des finances pour enrichir toute la valetaille impériale et royale.

Donc, *sus à la République et vive Napoléon !!!*

Ce n'est point Badinguet qui est coupable, disent à ce sujet les bonapartistes *à longues dents*, c'est la France. C'est la France qui a maintenu le remplacement contre la volonté de Badinguet, dont l'intention, connue depuis longtemps, était de conquérir le Rhin et par conséquent d'attaquer la Prusse.

C'est la France qui, assoiffée de paix, se refusait à armer et à attaquer, alors que le grand guerrier Badinguet, assoiffe de guerre, ne rêvait que combats, batailles, victoires et conquêtes.

Non, ce n'est pas Badinguet qui est coupable d'avoir attaqué, malgré la volonté de la France et sans être prêt ; c'est la France qui est coupable d'avoir voulu imposer à Badinguet ses volontés pacifiques, et qui l'a ainsi forcé à partir en guerre avec une armée insuffisante, après avoir surpris le blanc-seing de la nation par sept millions de *oui* contre deux millions de *non*.

Donc, *sus à la France et à sa République, et vive Napoléon !!!*

Non, ce n'est point le fanfaron, l'orgueilleux Badinguet qui, se voyant débordé, a voulu par fausse honte, et par faux point d'honneur, lutter quand même pour cacher sa faute et son impéritie à la France, qui a défendu à Bazaine et à Mac-Mahon de battre en retraite sur Paris, seul moyen de ne rien compromettre et de tout sauver, de donner le temps aux réserves d'accourir et d'égaler en nombre les soldats de la Prusse envahissante ; non, ce n'est pas le fanfaron Badinguet qui a fait cela, c'est l'ex royaliste Thiers ou le républicain Jules Favre.

Donc, *sus à la République et vive Napoléon !!!*

Ce n'est point non plus l'insensé Badinguet qui a dit le 20 août 1870 : il faut marcher sur Sedan au secours de Bazaine, alors que le républicain Thiers et M. de Mac-Mahon conseillaient la retraite sur Paris, avertissant le beau sire que bientôt, s'il commettait cette faute, il allait avoir deux armées complétement *cernées* : celle de Bazaine et celle de Mac-Mahon. Non, ce n'est point l'insensé

Badinguet qui a fait cela, c'est sans nul doute le grand avocat J. Favre ou le grand avocat Gambetta.

Donc, *sus à la République et vive Napoléon!!!*

Ce n'est point l'héroïque Badinguet, pris subitement !... d'une grande horreur du *sang répandu* qui a voulu capi tuler à Sedan contre l'avis de tous ses généraux et de son armée tout entière, lui offrant de lui ouvrir un passage à travers l'armée ennemie. C'est le lâche républicain Gambetta qui a dû faire cela !

Donc, *sus à la République et vive Napoléon !!!*

Ce n'est point le grand et loyal empereur Louis Verruel III ni son loyal ministère qui a télégraphié à la France le dimanche 4 septembre au matin : « l'empereur » Napoléon III a été pris les armes à la main, comme » François Ier à Pavie, comme le roi Jean à Poitiers,» alors que lui, Badinguet, n'avait pas assisté à la bataille et qu'il avait lâchement donné ordre de faire arborer le drapeau blanc, lui *étant au lit*. C'est le lâche, l'impassible et l'imprudent républicain Jules Favre qui a fait cela, sans nul doute, ou quelqu'autre républicain de la défense nationale.

Donc, *sus à la République et vive Napoléon!!!*

Ce n'est point le véridique Badinguet et son loyal ministère qui ont télégraphié le 6 août, après la défaite de Wœrth ou de Wissembourg : « C'est l'humanité de l'em» pereur qui a été cause de notre perte. Interrogé s'il con» venait de brûler la forêt de... et avec elle l'armée prus» sienne qui y était abritée, sa majesté a répondu avec sa » magnanimité habituelle : ne faites pas cela. Apportez» leur au contraire vos tentes, vos abris, vos marmites et » toutes vos provisions. Après quoi, laissez-vous extermi» ners'il le faut.» Quel homme admirable que ce Badinguet! Certes, ce n'est pas lui qui aurait fait incendier Paris, en cas d'insuccès, le 2 décembre 1852, et mitrailler 50,000 habitants inoffensifs, parmi lesquels au moins 25,000 femmes, vieillards et enfants! Non, ce n'est pas ce grand homme, ce grand sauveur de la France livrée à l'anarchie qui a fait cela, ce ne peut être que le féroce républicain J. Favre ou le carnivore républicain Jules Simon, ou le cannibale républicain Gambetta.

Donc, *sus à la République et vive Napoléon!!!*

Non, ce n'est point l'héroïque et glorieux généralissime Badinguet qui a refusé de se frayer un passage à travers l'armée prussienne, à la tête des siens, craignant sans doute d'être reçu partout, de Sedan à Châlons et de Châlons à Paris, à coups de navets, de trognons de choux et de pommes pourries, et qui a préféré se livrer au mépris du roi de Prusse plutôt qu'à la colère et à l'indignation du peuple français, cherchant avant tout à mettre à l'abri et sa précieuse personne, et les nombreux millions, fruit de ses rapines, et les 250 vehicules qui les transportaient: non, ce n'est pas celui qui a dit un jour, en se comparant à nos anciens rois: *je marche, suivez-moi,* qui a fait cela, ni même celui qui a dit bientôt apres pour se faire admettre: l'*empire c'est la paix.* Non, ce ne peut être le grand histrion Badinguet qui a fait cela; très certainement c'est le républicain Jules Favre ou bien le républicain Gambetta.

Donc, *sus à la République et vive Napoléon!!!*

Qui donc a *mangé* le bien de la France et a *à jamais* ruiné son avenir (en ruinant ses finances) en empruntant sans cesse, au lieu d'*imposer*, ce qui aurait ouvert tous les yeux, irrité tous les contribuables et coupé court aussitôt aux virements, aux détournements et aux folles dépenses? Qui donc, ayant trouvé notre dette publique à 5 milliards en 1851, l'a laissée à 24 milliards en 1871, après lui avoir fait atteindre dès 1869 le chiffre exorbitant de

16 milliards? Fameux, bonapartistes, répondez : ce sont les hommes du Quatre Septembre, les membres de la défense nationale qui ont fait cela, n'est-ce pas?

Donc, *sus à la République et vive Napoléon !!!*

Qui donc étant arrivé au pouvoir par la violence et par la ruse, a proscrit impitoyablement ses adversaires innocents, envoyant les uns à Cayenne avec les forçats (action indigne), exilant les autres à l'étranger, ou les internant à Lambessa? Qui donc encore menace de recommencer, de rouvrir l'ère des internements et des proscriptions en cas de succès, alors que ses adversaires, deux fois maîtres absolus en 1848 et en 1870, n'ont proscrit personne, interné personne, laissant à tous et à chacun, amis ou adversaires, la liberté de leurs paroles et de leurs discours, de leurs livres et de leurs journaux, de leur culte et de leurs croyances? Qui donc l'a fait *cela*? Le socialiste Badinguet ou le républicain J. Favre? l'impérialiste Rouher ou le républicain Ledru Rollin, le césarien Galloni ou le dictateur Gambetta? Fameux bonapartistes, de sinistre mémoire, répondez : C'est notre chef si humain et tant regretté, celui qui a préféré la victoire des Prussiens à leur destruction par les projectiles incendiaires dans la forêt de Wœrt ou de Wissembourg ! celui qui a préferé à Sedan le salut de sa personne et de ses trésors au salut de la France, à n'importe quel sacrifice au profit de sa patrie?

Donc, *sus à la République et vive Napoléon !!!*

Ce n'est point le sage Badinguet qui a déclaré la guerre sans être prêt, pour se venger de la France qui voulait la paix, pour se venger de la jeunesse opposante revendiquant ses libertés et lui jetant à la face 1800,000 NON, pour se venger de la Prusse qui avait donné à l'Italie Venise, Vérone et Mantoue ; non, ce n'est pas Badinguet qui a saisi aux cheveux cette occasion fatale, lui que les souverains de l'Europe avaient admis parmi eux malgré l'exclusion prononcée contre la famille Bonaparte en 1814 et en 1815, laissant la France libre de se faire gouverner comment et par qui il lui plairait, sans doute afin que leur sage conduite de 1852 servît un jour d'exemple à l'irascible et orgueilleux Badinguet de 1870, à propos du candidat royal étranger Hohenzollern, que l'Espagne n'aurait pas gardé trois mois sur le trône, en admettant qu'elle l'y eut placé, ce qui est assez improbable. Non, ce n'est pas Badinguet, le très profond politique, qui a fait cela, ce doit être l'insensé, l'inconséquent Jules Favre ou l'écervelé Gambetta.

Donc, *sus à la République et vive Napoléon !!!*

Ce n'est point Badinguet l'héroïque, le digne émule de François Ier et de Jean le Bon qui a capitulé à Metz, dans la personne de l'héroïque Bazaine, livrant à la Prusse toute l'armée française avec tous ses drapeaux, toute sa cavalerie et tous ses canons, alors qu'il fallait coûte que coûte sauver la France et son Alsace-Lorraine, car Metz livrée c'était la Lorraine livrée, l'Alsace livrée. Non, ce n'est pas Badinguet le grand patriote, ce grand ami, ce grand sauveur de la France qui a fait cela, c'est le républicain Faidherbe, ou bien le républicain Chanzy, ou bien le républicain Denfert-Rochereau ?

Donc, *sus à la République et vive Napoléon !!!*

Qui donc, pendant quinze ans, de 1855 à 1870, a *bien fait* aller les affaires, a bien fait vendre les vins, les porcs, les veaux, les bœufs, les cochons et en général tous les produits de l'agriculture, du commerce et de l'industrie, non seulement en France, mais en Europe ? Qui donc ? Tout le monde : Anglais, Français, Russes, Autrichiens, Prussiens, Belges, Hollandais, Espagnols et Italiens, les uns et les autres se livrant avec la plus grande activité possible à la construction et à la multiplication des voies ferrées et au trafic des denrées, dont l'expédition est devenue dix fois plus facile. Qui donc ? Le suffrage universel français (l'impulsion venant ordinairement de la France), en se montrant constant dans ses volontés, dans ses décisions. Mais qui donc aujourd'hui est la cause que, les affaires languissent partout, en France, en Europe, en Amérique ? 1° la *dernière guerre* d'abord qui a tout détraqué ; 2° l'*ambition prussienne* qui menace et inquiète la plupart de ses voisins ; 3° *les menées bonapartistes* faisant craindre à la Prusse et à la France la revanche immédiate avec le retour du césarisme, de la banqueroute et des proscriptions ; 4° l'*aveuglement et l'impéritie* des royalistes cherchant depuis longtemps chicane au suffrage universel, bouleversant aveuglément au profit de César, de l'aristocratie et de la corruption électorale toutes les bases reçues de la représentation nationale, et livrant la France à l'inconnu en soumettant la volonté de 25 millions de français à la volonté de 12 millions ; 5° les hésitations, les tergiversations, les défaillances, le *défaut* de constance de ce même suffrage universel, ou plutôt de la démocratie se déjugeant continuellement et ne paraissant pas suffisamment résolue à enlever tout espoir aux césariens et aux aristocrates de la monarchie constitutionnelle, ses adversaires irréconciliables ! (1)

Donc, *sus à la République et vive Napoléon !!!*

Que dites-vous, bonapartistes *aux longues dents*, affa-

---

(1) Que les électeurs ruraux, qui forment à eux seuls les *deux tiers* de la *democratie*, accordent à la République, c' à d. *a eux mêmes*, la même confiance et le même appui qu'ils ont accordé pendant vingt ans au gouvernement impérial, et immédiatement les affaires *reprendront* et iront aussi bien qu'elles allaient avant la fatale guerre de 1870, et, par dessus le marché, nous jouirons tous d'un gouvernement franc, loyal, honnête, nous assurant une liberté plus grande et une justice plus impartiale.

més de meurtres, de rapines et de concussions. Ah ! il fallait désespérer de la victoire de la France et signer la paix, 28 jours seulement après l'ouverture des hostilités (le 6 août) ; il fallait signer la paix après Sedan (le 4 septembre), n'importe à quel prix, puisque nous devions être vaincus, puisqu'il devait en coûter aussi cher six mois plus tard, puisque nous devions avoir un nouvel hiver de 1812, *puisque les bonapartistes, ne sachant plus pour qui ils devaient se battre* (la France leur ayant échappé et n'étant plus rien pour eux), devaient semer le découragement, la débâcle et la faim dans nos divers corps d'armée.

Signer la paix vingt-huit jours seulement après avoir crié *à Berlin ! à Berlin !* d'un bout de la France à l'autre, par la voix de tous les fonctionnaires et de tous les fils de fonctionnaires de l'empire Napoléonien, toute l'Europe étant spectatrice par les yeux et par les oreilles de ses ambassadeurs. Qui donc aurait alors osé en donner le conseil, vingt jours après qu'il n'était pas permis même de douter de la victoire immédiate sans être traité de traître et de *prussien.* Qui donc aurait osé desespérer sitôt de cette France après une bataille perdue à Sedan, et deux ou trois combats malheureux ? Alors que sous François Ier, après *Pavie ;* sous Jean le-Bon, après *Poitiers ;* sous Philippe VI, après *Crécy ;* sous Charles VI et Charles VII, après *Azincourt*, *Verneuil* et *Orléans* ; sous Louis XIV, après *Hocstedt*, *Ramilies* et *Oudenarde* ; sous Louis XV après *Rosbach* et *Turin*, elle n'avait pas fléchi, après avoir perdu dix batailles et sacrifié 500 mille de ses enfants ? Il est vrai que dans ce temps la les monarques français ne donnaient pas, comme l'a fait le capitulard Badinguet, à leurs généraux, officiers et soldats, l'exemple du découragement et de la lâcheté, après s'être écrié en d'autres temps, *inter pocula (après avoir trop bu)*, je ne vous dirai pas comme les gouvernements qui nous ont précédé : *marchez, je vous suis* ; mais je vou dirai : *je marche, suivez moi.* Mai s l'ennemi d'alors c n'était pas l'artillerie prussienne, c'était la liberté fran çaise.

Il fallait signer la paix après Sedan ! car le sauveu Badinguet *prisonnier* ne pouvait alors rien plus pour l France. Quelle pitoyable rai son ! Est ce que le premie acte de la Défense nationale, après le Quatre-Sep tembre, n'a pas été de demander au roi Guillaume quelles conditions la paix pourrait être accordée, lui rap pelant que cette guerre n'était point le fait de la France mais seulement celui de son stupide empereur, qui l'avai déclarée malgré les dispositions pacifiques de la natior française..... La mauvaise foi bonapartiste parviendra-t elle, jamais, à supprimer l'*entrevue* de Ferrières entre Bismark et Jules Favre, le 10 septembre, dans la-quelle toutes les concessions alors possibles furent faite pour le rétablissement de la paix. En ce jour, tristemen célèbre, l'éloquence et les pleurs du plénipotentiaire fran-çais ne purent rien obtenir du vainqueur, qui s'obstina à exiger la cession de notre *Alsace* et de notre *Lorraine*. « Notre but est d'affaiblir la France et de la mettre pour tou » jours dans l'impossibilité de troubler la paix de l'Europe » en recommençant la guerre: » Tel fut le dernier mot de Bismark. « Exigez deux milliards si vous voulez, mais pas » un pouce de notre territoire, pas une pierre de nos for- » tifications: » tel fut le dernier mot de Jules Favre, et les négociations furent rompues, et les hostilités recommen cèrent. Les hommes de la Défense nationale ont donc voulu et tenté inutilement de mettre fin à cette guerre si follement entreprise, par un traité acceptable, assurant l'Allemagne que jamais plus la France n'y reviendrait, avouant son tort et ne devant conserver aucune rancune de ses défaites. Mais leurs efforts ne purent aboutir à rien. Qui donc alors a élevé la voix pour les blâmer de n'avoir pas livré immédiatement l'Alsace Lorraine, réclamée par Bismark comme le châtiment de la déclaration de guerre, et la punition des cris à Berlin ! à Berlin !

Quant aux désastres futurs, à Metz, au Mans, à Paris et ailleurs, quant à ce terrible hiver de 1870-71, qui donc aurait pu le prévoir, du 4 au 10 septembre 1870? Personne, pas même les si perspicaces bonapartistes qui n'étaient ni plus devins ni plus sorciers que les autres, eux qui avaient déclaré la guerre nous prédisant de grandes victoires, et qui se faisaient si petits un mois après qu'on ne les reconnaissait plus nulle part, soit qu'ils eussent traversé les mers et les monts, soit qu'ils criassent alors encore plus fort : Vive la République! qu'ils n'avaient crié : à Berlin ! à Berlin !

LOU PÉRILLOU SOCIALE

(LE PÉRIL SOCIAL)

Sur l'air du GÉNÉRAL TOM POUCK

I

Mémé nous diras tu
Ce que c'est la *Sociale,*
Et son *Péril* barbu,
Et sa mine triviale ?
Mon fils, écoute bien
Ma leçon primordiale,
Car ton *Péril* n'est rien
Ni sa mine bestiale.

II

Voilà les vieux *haillons*,
Du ramoneur Pigalle !
Voilà les *Guenillons*
De la DROITE royale !
Ne dansez pas autour
Fils de la Primatiale,
C'est le *Péril* du jour...
Lou Périllou sociale...

III

Il a surgi du sol
Ce couteau plein de rouille.. ..
Prends garde à *Cabassol*
Ne rêvant que tatouille...
Et ce couteau trouvé
Dans le jardin d'Euryale,
C'est le Péril couvé
Lou Périllou sociale...

IV

La montagne Cenis
On dit qu'elle s'accouche,
Du petit Mont *Souris*
Ou plutôt d'une mouche...
Allons ! gens de Paris,
Allons ! gens de Versailles,
Courez sous les abris
De Saintes Monacailles

V

Vite des vieux *chapeaux*,
Dans la crainte qu'on y alle ..
Pour chasser les *Corbeaux*
Qu'on mette Lou *Sociale*...
Qu'on mette les *drapeaux*
De madame Lavialle
Et tous les *oripeaux*
De Paray Lou Moniale.

VI

Les cieux faut étayer
Apportons tous des bourdes !.....
Et pour nous égayer (1),
Pèlerinons (2) à Lourdes !...
Les cieux consolidés,
Volons à Lou Moniale !
Par la hideur guidés,
Dou Périllou sociale...

---

(1) Variante : *Pour nous désennuyer.*

(2) Variante : *Processionnons à Lourdes.*

VII

Qui donc fait tant gaudir
Les bambins de Versailles ?
Qui donc fait tant gémir
Le marquis Des Egailles ? (2)
C'est Lilliput Giaour (3)
A la patte glaciale !!
C'est le péril du jour...
Lou Périllou sociale ! (1)

VIII

On fait *peur* aux enfants,
Avec *Croquemitaine*,
Ainsi qu'aux ignorants,
D'une façon certaine .
Pour nous bons villageois,
Les *rusés* de Versailles
Ont de leur air narquois
Lâché cette fripaille

IX

Hommes de vérité,
Buveurs de l'eau Lourdiale
Vous l'avez inventé
Lou Périllou sociale.....
Régner par les nigauds
Tels sont vos grands mobiles,
En montrant aux badauds
Des *chiffons-crocodiles.*

---

(1) Variante · *Qui donc fait tant grossir* la *taxe provinciale ? — Qui donc fait tant gémir* la presse commerciale ?

(2) Variante · *Le marquis des Terrailles ?*

(3) En arabe *Giaour* signifie *chien.* LILLEPUT-GIAOUR signifie donc LE TOUT PETIT CHIEN.

Variante : *C'est* COLIN RAMPONNEAU fils de la mer glaciale s'élançant du tonneau — *dou Perillou sociale.*

X

Voilà qu'il a grandi
Mis à la collégiale,
Sans s'être abâtardi
Le fils de l'Impériale !
Quel air écervelé !
Quelle mine bestiale !
L'a t on bien muselé....
Lou Périllou sociale?

XI

De *Sarrebruck*, dit on,
Le *héros* se prépare,
Monté sur un canon
Et fumant son cigare.
Tremblez, *vieux puritains*
Tremblez fils de la France !...
Tremblez, fameux *Germains*,
Bandit IV s'avance.

XII

Le grand mal du moment,
C'est *balance* inégale (1),
Le grand éreintement
De Paris capitale.
Pas moins cherront les Rois
Suivant l'onde fluviale (2),
Malgré Sabre-de-Bois
Dou Périllou sociale.

---

(1) C'est à dire la volonté de 12 millions d'habitants, prévalant sur la volonté de 25 millions.

(2) Traduction de : *Emportés par le même torrent.*

XIII

Dom Péril a vécu,
Partout au carrillonne !
Honneur à Lustucru,
De maman Carayonne (1)
Honneur et gloire encor
Au landais Gavardie (2),
Ainsi qu'à monsignor
Le grand duc de Broglie.

XIV

ÉPITAPHE

Ci gît Jean Périlhou,
Trompeur du grand suffrage,
Fils de saint Amadou,
Patron de l'Ermitage,
Héritant des grelots
De la farce impériale,
Séchez donc vos sanglots
Seigneurs (3) de la Royale.

(1) De maman Baragnonne ?
(2) A l'auscitain Batbie ?
(3) Variante : *Messieurs. Soutiens, Fameux, Pantins.*

APPENDICE

PIÈCES PROBANTES

DU 16 JUILLET 1870

Discours du président du Sénat (**M. Rouher**) *voté à l'unanimité* (1).

Le Sénat remercie l'empereur de lui avoir permis (*a*) de venir porter au pied du trône l'expression des sentiments patriotiques avec lesquels y a accueilli les communications qui lui ont été faites à la séance d'hier (*b*).

Une combinaison monarchique (*c*) nuisible aux intérêts et à la sécurité de la France avait été mystérieusement favorisée par le roi de Prusse.

Sans doute, sur votre protestation, le rince Léopold (*d*) a retiré son acceptation. L'Espagne, cette nation qui conserve et qui nous rend les sentiments d'amitié que nous avons pour elle a renoncé à une candidature qui nous blessait (*e*).

Sans doute, le péril immédiat a été écarté (*f*). Mais notre légitime réclamation ne subsistait-elle pas toute entière? N'était-il pas évident qu'une puissance étrangère au profit de son influence et de sa domination, au préjudice de notre honneur et de nos intérêts, avait voulu une fois de plus troubler l'équilibre de l'Europe.

N'avions nous pas le droit de demander à cette puissance des garanties sérieuses contre le retour de pareilles tentatives? Ces garanties sont refusées. La dignité de la

(1) Ce discours, délibéré en public, avait été, au préalable, communiqué à l'empereur.

France est méconnue, votre majesté tire l'épée (*g*). La patrie est avec vous frémissante d'indignation et de fierté.

Les écarts d'une ambition démesurée (*h*) par un jour de grande fortune devaient tôt ou tard se produire !

Se refusant à des impatiences hâtives, (*i*) animé de cette calme persévérance qui est la VRAIE FORCE (*j*), l'empereur A SU ATTENDRE (*k*), mais depuis quatre mois IL A PORTÉ A SA PLUS HAUTE PERFECTION l'*armement de nos soldats* (*l*), ÉLEVÉ A TOUTE SA PUISSANCE l'*organisation de nos forces militaires.*

Grâce à vous LA FRANCE EST PRÊTE, sire (*m*) ; par son enthousiasme elle prouve que comme vous elle était résolue à ne tolérer aucune entreprise téméraire.

Que l'empereur reprenne avec un juste orgueil et une noble confiance le commandement de ses LÉGIONS AGRANDIES de Magenta et de Solférino (*m* bis), qu'il conduise sur les champs de bataille l'élite de cette grande nation (*n*). L'HEURE DE LA VICTOIRE EST PROCHE (1re prophétie.) BIENTÔT LA PATRIE RECONNAISSANTE DÉCERNERA A SES ENFANTS LES HONNEURS DU TRIOMPHE (2e prophétie). Bientôt l'Allemagne sera affranchie de la domination qui l'opprime et la paix rendue à l'Europe PAR LA GLOIRE DE NOS ARMES (3e prophétie). Votre majesté qui, il y a deux mois, recevait pour elle et pour sa dynastie une nouvelle force de la volonté nationale, votre majesté se dévouera de nouveau au grand œuvre d'améliorations et de réformes dont la réalisation, la France le sait, le génie de l'EMPEREUR LE LUI GARANTIT (*o*) ne subira d'autre retard QUE LE TEMPS QUE NOUS EMPLOIERONS A VAINCRE (*p*).

Ont voté cette adresse :

ROUHER, etc., etc.

Réponse de l'empereur :

J'ai été heureux d'apprendre avec quel vif enthousiasme le Sénat (*q*) a reçu la déclaration (*r*) que le ministre des affaires étrangères (*s*) avait été chargé de lui faire· Dans toutes les circonstances où il s'agit des intérêts de la France (*t*) je suis sûr de trouver dans le Sénat un appui énergique (*u*). Nous commençons une lutte sérieuse (*v*). La France a besoin du concours de tous ses en fants (*x*). Je suis bien aise que le premier cri de patrio tisme (*y*) soit parti du Sénat. Il aura dans le pays un immense retentissement (*z*).

Signé : NAPOLÉON.

(*a*) Le Sénat n'ouvrait la bouche que sur la permission de l'empereur — (*b*) la déclaration de guerre faite à la Prusse (*c*) l'intronisation d'un prince allemand en Es pagne (*d*) Léopold de Hohenzollern (*e*) la candidature Jérôme Napoléon ou de tout autre membre de la famılle Bonaparte ne l'aurait pas blessé — (*f*) pourquoi alors tant se presser à déclarer la guerre... regrettait-on d'en laisser échapper l'occasion (*g*) celle que le roi Guillaume à refusée à Sedan comme n'étant pas *celle d'un officier fran çais* (*h*) laquelle ? celle de Guillaume ou celle de Napoléon ? — (*i*) la France trouve au contraire qu'il se *hâtait* beaucoup trop — (*k*) s'il avait su attendre, il eut commencé la guerre en mars 1871 après l'hiver, et non en août 1870, à la fin de l'été (*l*) inventeur des *mitrailleuses*, il était pressé de les voir fonctionner. Son œuvre ne pouvait qu'avoir atteint la perfection (*m*) impudent mensonge ? *Rouher* surenchérit sur *Lebœuf* : la France est prête ! On ne tardera pas à s'en apercevoir — (*m* bis) il avait failli se faire prendre à Magenta ; *agrandies* est joli ; ce n'était pas des *régiments*, c'étaient des *demi-régiments* — (*n*) l'élite de cette grande nation, l'*exonération* et le *remplacement* l'avaient laissée dans ses foyers, et elle faisait chorus avec les fonctionnaires et les fils de fonctionnaires de l'empire, en criant : à Berlin ! à Berlin ! — (*o*) on va le voir à l'œuvre bientôt ce prétendu *génie* — (*p*) c'est une 4e prophétie ; quel aveuglément ! (*q*) le sénat, c'est à dire ma valetaille — (*r*) de guerre (*s*) M. de Gramont (*t*) de la famille impériale — (*u*) dans un mois on les verra prendre la fuite comme des rats (*v*) il se repent — (*x*) il reconnaît qu'il s'est trop hâté, qu'il a fait une boulette (*y*) le dernier cri d'adulation (*z*) pas aussi grand que les défaites qui vont suivre en se précipitant.

APPELS A L'ACTIVITÉ

17 juillet 1870, appel de la garde mobile.
20 juillet 1870, appel de la classe 1870.
26 juillet 1870, appel des 90,000 hommes de la classe de 1869.
7 août 1870, appel des célibataires de 25 à 40 ans.

Proclamation de l'empereur au peuple Français

26 JUILLET 1870

Français,

Je vais me mettre à la TÊTE (*a*) de cette vaillante armée qu'anime l'amour du devoir et de la patrie. Elle sait ce qu'elle vaut, car elle a vu dans les quatre parties du monde la victoire s'attacher à ses pas.

J'emmène mon fils avec moi, malgré son jeune âge (*b*) il sait quels sont les devoirs QUE SON NOM LUI IMPOSE (*c*) et il est fier de prendre SA PART DES DANGERS (*d*) de ceux qui combattent pour la patrie.

Dieu *bénisse* (*e*) nos efforts (*f*) ; un grand peuple qui défend une cause juste est invincible (*g*).

Au Palais des Tuileries, le 26 juillet 1870.

Signé, NAPOLÉON.

(*a*) *à la queue* aurait-il dû dire pour être plus vrai. — (*b*) le bambin avait 14 ans. On ne saurait se moquer plus effrontément d'une grande nation. Son intention était de le faire proclamer *associé à l'empire*, après la première grande victoire *à remporter.* (*c*) on verra le père Badinguet oublier complètement ses devoirs à Sedan, après avoir fait échapper son fils qui, sans cela, n'aurait pas manqué, lui aussi, d'oublier les siens, son dit père lui en donnant l'exemple. — (*d*) il était sans doute placé au premier rang, à Sarrebruck, lorsque les *balles mortes* venaient tomber à ses pieds. Mais non ! Lorsque tous tombaient autour de lui, mortellement frappés, les balles prussiennes, par un miracle visible, se détournaient de sa précieuse personne, et l'Ogrillon pouvait se donner le tranquille plaisir de les voir tomber respectueusement à ses pieds et même de les amasser. (*e*) comment se fait-il qu'il n'ait pas dit : *bénira*, la victoire en eût été mieux affirmée, plus certaine (*f*) on les a bien vus *ses efforts*, à Sedan ! (*g*) conclusion : Badinguet n'a pas été invincible, il a été vaincu, donc sa cause était injuste. Malheureusement c'est sur la France *innocente et désintéressée* qu'a retombé le *châtiment.*

Proclamation de l'empereur à l'armée du Rhin

Au quartier impérial de Metz, le 28 juillet 1870.

Soldats !

Je viens me mettre à votre tête (*a*) pour défendre l'honneur et le sol de la patrie (*b*).

Vous allez combattre une des meilleures armées de l'Europe, mais d'autres qui valent autant qu'elle n'ont pu résister à votre bravoure. Il en sera de même aujourd'hui (5e prophétie).

LA GUERRE QUI COMMENCE SERA LONGUE ET PÉNIBLE (*c*), car elle aura pour théâtre des lieux hérissés d'obstacles et de forteresses, mais rien n'est au dessus des efforts persévérants des soldats d'Afrique et de Crimée, d'Italie et du Mexique. Vous prouvez une fois de plus ce que peut une armée française animée du sentiment du devoir, maintenue par la discipline, enflammée par l'amour de la patrie.

Quel que soit le chemin que nous prenions hors de nos frontières, nous y trouverons les traces glorieuses de nos pères (*d*). Nous nous montrerons dignes d'eux (*e*).

La France entière vous suit de ses vœux ardents, et l'univers a les yeux sur vous. De nos succès dépend le sort de la liberté et de la civilisation (*f*).

Soldats ! que chacun fasse son devoir (*g*) et le Dieu des armées sera avec nous (*h*).

Signé : NAPOLÉON.

(*a*) Lisez : *me placer bien loin, derrière, à votre suite* (*b*) on dirait déjà qu'il ne compte plus sur la victoire et qu'il considère l'*invasion* de la France comme inévitable — (*c*) il avoue indirectement qu'il n'a *pas assez de soldats* pour finir la guerre par un coup de tonnerre — (*d*) nos pères étaient commandés par des généraux habiles : Condé, Turenne, maréchal de Saxe, Villars, Vendôme, Dumouriez, Kléber, Hoche, Marceau, Kellermann, Pichegru, Bernadotte, Moreau — (*e*) comme Napoléon III à Sedan — (*f*) pauvre liberté ! tu étais placée là sous une belle protection. C'était l'agneau sous la dent et la griffe du loup — (*g*) les soldats ont fait leur devoir, leur fameux généralissime seul n'a pas fait le sien (*h*) le roi Guillaume, de son côté, tenait le même langage.

PREMIÈRE proclamation de l'impératrice

Paris, le 7 août 1870

Français,

Le début de la guerre ne nous a pas été favorable. Nos armées ont subi un échec. Soyons fermes dans ce revers (*a*) et hâtons-nous de le réparer.

Qu'il n'y ait parmi nous qu'un seul parti : celui de la France ; qu'un seul drapeau, celui de l'honneur national (*b*).

Je viens au milieu de vous, fidèle à ma mission et à mon devoir. Vous me verrez la première au danger pour défendre le drapeau de la France (c). J'adjure les bons citoyens de maintenir l'ordre. Le troubler serait conspirer avec nos ennemis (d).

Pour l'empereur :

Au nom des pouvoirs qu'il nous a délégués,

L'impératrice régente, EUGÉNIE.

(a) Quatre échecs : Wissembourg, Wœrth, Forbach, Reischoffen ; pourquoi *dès lors* les bonapartistes n'ont-ils pas signé la paix ? eux, si grands prophètes, eux si prévoyants ! — (b) un peu plus tard le parti bonapartiste déclarera ne pas savoir *pour qui* il faut se battre (c) où l'a-t on vue ? (d) cet honneur était particulièrement réservé au bonapartiste Bazaine, défenseur de Metz et de la Lorraine.

Décret du 7 août.

Article premier. Tous les citoyens valides de trente à quarante ans qui ne font pas partie de la garde nationale y seront incorporés.

Art. 2. La garde nationale de Paris est affectée à la défense de la capitale, et à la mise en état de défense des fortifications.

Art. 3. Un projet de loi sera présenté pour incorporer dans la *garde mobile* (appelée sous les drapeaux dès le 17 juillet), les citoyens âgés de moins de 30 ans qui n'en font pas partie.

Art. 4. — Nos ministres de l'intérieur et de la guerre sont chargés, chacun en ce qui les concerne, de l'exécution du présent décret.

Fait au Palais-des-Tuileries, le 7 août 1870.

Pour l'empereur,

L'impératrice régente, EUGÉNIE.

Loi militaire proposée le 17 août 1870.

Sont appelés sous les drapeaux :

1° Tous les hommes valides, *mariés et non mariés*

âgés de vingt-cinq à trente-cinq ans, *qui ont servi* dans les armées actives et dans la réserve ;

2° Tous les officiers âgés de moins de soixante ans jusqu'au grade de colonel ;

3° Tous les généraux valides jusqu'à l'âge de soixante-dix ans.

Ce projet du gouvernement impérial fut modifié ainsi par les deputés de la nation :

Sont appelés sous les drapeaux :

1° Tous les célibataires de vingt cinq à quarante ans ayant servi ou non ;

2° Tous les citoyens faisant partie de la classe de 1870 et de 1871.

Par conséquent, d'après l'empereur et son gouvernement, toute idée de justice devait être mise de côté : les hommes *qui* avaient payé leur dette à la patrie étaient *seuls* appelés, parce que *seuls* ils possédaient une *instruction militaire*, tandis que tous les exonérés et remplacés allaient continuer à rester paisiblement dans leurs foyers, parce qu'ils ne possédaient aucune instructicn militaire. La propriéte française était attaquée par les Prussiens, et c'était *les très petits propriétaires* et les *non-propriétaires* qui devaient *seuls* la défendre !

DEUXIÈME
proclamation de l'impératrice

Français !

Un grand malheur frappe la patrie. Après trois jours de luttes héroïques (*a*) soutenues par l'armée du maréchal de Mac-Mahon contre trois cents mille Prussiens, 40,000 hommes ont été faits prisonniers (*b*).

Le général Wimpfen, qui avait pris le commandement à la place du maréchal Mac-Mahon, grièvement blessé, a signé une capitulation (*c*).

Ce cruel revers n'abat pas notre courage (*d*) !

Paris est aujourd'hui en état de défense. Les forces militaires du pays s'organisent (*e*). Avant peu de jours une nouvelle armée sera sous les murs de Paris (*f*) ; une autre armée se forme sur les bords de la Loire (*g*) ; votre patriotisme, votre union, votre énergie sauveront la France (*h*). L'empereur a été fait prisonnier dans la lutte (*i*). Le gouvernement, d'accord avec les pouvoirs publics, prend toutes les mesures que comporte la gravité des circonstances.

Paris, le 3 septembre 1870.

Pour l'empereur : — *L'impératrice :*

J. David-Palikao. — Eugénie.

(*a*) On ne s'est battu que le 31 août et le 1er septembre — (*b*) mensonge. Il n'a pas été fait de prisonniers avant la capitulation (*c*) la vérité est celle ci : l'empereur *a ordonne* et Wimpfen *a signé*, et 83,000 hommes ont capitulé (*d*) ce qui veut dire : il faut continuer la guerre ; il ne faut pas signer la paix à tout prix — (*e*) elles n'étaient donc pas organisées (*f*) ce qui veut dire : Paris doit résister six mois s'il le faut plutôt que de traiter sitôt de la paix (*g*) ce qui veut dire : quand la moitié de la France serait envahie jusqu'à la Loire, il faudra, malgré cela, résister encore (*h*) ce qui signifie encore : il faut combattre et non traiter (1) (*i*) impudent mensonge ; on est venu lui apprendre au lit que l'armée était cernée, et il a donné ordre de hisser le drapeau blanc sans en avoir le droit, n'étant plus général en chef et il l'a donné après avoir refusé la proposition de ses généraux de se placer au milieu de l'armée, résolue à lui ouvrir un passage.

(1) Ne pas capituler, chercher à s'ouvrir un passage vers Paris c'était risquer de faire PINCER *par les Français* les MILLIONS qu'il emportait et les 250 VOITURES sur lesquelles ils étaient chargés. Voilà pourquoi Napoléon III a préféré capituler à Sedan, se réservant de faire valoir plus tard qu'il n'avait pas voulu sacrifier inutilement le sang et la vie de vingt mille Français.

LE COUP DE GRACE

LISEZ ET JUGEZ !

Les meurtriers eux-mêmes osent crier : *à l'assassin !* vraiment, c'est trop fort !

Fameux bonapartistes ! vous avez dévalisé et assassiné la France (1), et pour détourner de votre abominable espèce le cri de la réprobation générale, vous cherchez a diriger sur *d'autres* l'accusation et le châtiment qui vous sont dûs.

O PROPHÈTES stupides de victoires irréalisables et irréalisées, de quelle audacieuse effronterie êtes vous donc capables ? Cinq ans se sont à peine écoulés depuis l'écrasement de la patrie, et déjà vous êtes persuadés QUE LA FRANCE A TOUT OUBLIÉ, sa ruine et son démembrement, votre avidité et votre perfidie, et voilà que pour vous blanchir devant elle et capter ses faveurs, vous cherchez à déverser le blâme et la punition qui vous reviennent sur les hommes de la DÉFENSE NATIONALE, vous efforçant de les clouer à votre place au pilori, prétendant que toute résistance était devenue inutile après la capitulation de Sedan et la disparition de votre empereur, et que *leur devoir* était, non de continuer la guerre, *mais d'implorer et de signer la paix* immédiatement et à tout prix.

Mais Dieu soit loué ! s'il y a malheureusement

---

(1) Vous n'avez pas doublé les *impôts* de la France (vous êtes trop habiles) dans la crainte de l'*indisposer* contre vous, mais vous l'avez *ruinée* PAR DES EMPRUNTS en vertu [illegible] rocuration et à son insu, ce qui constitue de votre part un v[illegible] et une trahison.

une France inconsciente, qui oublie trop vite ce qu'elle n'a jamais bien su, ni jamais voulu bien savoir, il y a aussi, fort heureusement, une France intelligente, une France qui a du cœur et de l'âme, de l'honneur et du patriotisme, de l'entendement et de la mémoire ; une France qui se souvient et qui n'a pas oublié, elle ! et QUI NE VOUS PARDONNERA JAMAIS le mal presque irréparable que vous lui avez fait, l'humiliation que vous lui avez procurée, humiliation si grande que jamais encore aucune nation n'en a éprouvé de pareille ! 300 mille officiers et soldats français prisonniers de guerre ! Tous nos canons, tous nos régiments au pouvoir de l'ennemi ! Tous nos drapeaux livrés comme trophées à l'Allemagne triomphante ! non ! cela ne s'était encore jamais vu, et on feuilletterait en vain toutes les histoires de tous les pays pour y découvrir le récit d'un désastre pareil.

Ah ! il fallait alors, et alors seulement dites-vous, (ni plus tôt ni plus tard que le 4 septembre) implorer et conclure la paix !

Mais pourquoi donc, au lendemain du quadruple démenti infligé à vos incroyables prophéties (de victoire) par les néfastes journées de Wissembourg, de Wœrth, de Forbach et de Reischoffen ne l'avez-vous pas proposée et signée *vous-mêmes*, et immédiatement, cette paix honteuse, déshonorante, votre stupide empereur trônant encore, et l'insuffisance de nos armées et de leurs moyens d'attaque et de résistance étant complétement reconnus et démontrés ?

Pourquoi ne l'avez-vous pas implorée et signée

cette paix, dès le 20 août, après les tentatives sanglantes et infructueuses de Rézonville, de Gravelotte et de Mars-La-Tour ? alors que Bazaine et ses 170,000 hommes étaient déjà acculés sous les forts de Metz, et condamnés désormais à l'inaction et à l'impuissance ?

Fameux bonapartistes, répondez !

Pourquoi ne l'avez-vous pas implorée et signée du 1er au 4 septembre, plutôt que d'adresser à la France ces fameuses proclamations, destinées à cacher la vérité, mais accusant de votre part la ferme résolution de continuer la guerre, et nullement de solliciter la paix. — Et ce sont ces proclamations qui forment aujourd'hui le plus grand obstacle au succès de toutes vos allégations et de toutes vos trames scélérates.

Fameux bonapartistes, répondez! ou plutôt écoutez le citoyen Gambetta, vous donnant la réplique et *le coup de grâce* dans la personne de l'un des vôtres :

ASSEMBLÉE NATIONALE

PRÉSIDENCE DE M. LE DUC D'AUDIFFRET PASQUIER.

Séance du samedi 19 *juin* 1875

La séance est ouverte à deux heures et demie.

M. André (Charente) dit que M. le ministre des finances, répondant à son discours d'hier, a fait allusion à la guerre de 1870. L'honorable membre, dans ces circonstances, n'a fait que voter ce qu'ont voté la plupart de ses collègues, M. Gambetta tout le premier.

Le procès-verbal est adopté, etc.

INCIDENT

M. le président : M. Gambetta a la parole pour un fait personnel.

M. Gambetta : J'étais retenu dans le 8e bureau au moment de la lecture du procès verbal ; je viens d'apprendre que M. André, parlant de la déclaration de guerre de 1870, s'est exprimé ainsi : « Ce que j'ai fait, plusieurs d'entre vous l'ont fait, et M. Gambetta notamment. »

Je répondrai que M. André n'a fait que rééditer une des nombreuses *calomnies* dont la presse bonapartiste *empoisonne* chaque jour la vérité historique. (Applaudissements à gauche.)

Non, nous n'avons pas fait ce que vous avez fait. Nous avons résisté à la préparation de cette guerre criminelle, *qui a abaissé la France* et *mutilé la patrie*. (Nouveaux applaudissements à gauche.)

Nous avons voté contre cet acte inouï d'une déclaration de guerre, apportée à la tribune au milieu des ténèbres, sur la foi de dépêches controuvées. (Très bien . très bien !)

Nous avons mis en doute l'existence de cette prétendue dépêche, QUI N'EXISTAIT PAS, et sur laquelle vous avez engagé le sort de la patrie et l'avenir de l'Europe. (CE BIENFAIT BONAPARTISTE MÉRITE T-IL DONC UNE RÉCOMPENSE ?)

Mais quand l'ennemi était déjà maître de la frontière de l'Alsace, quand nos armées étaient déjà livrées par l'incurie du chef suprême de l'Etat à toutes les aventures, vous êtes venus nous demander des subsides, *nous les avons votés* ; nous n'avons pas plus refusé les crédits que nous n'avons refusé ensuite de défendre *avec les lambeaux que vous nous aviez laissés*, la patrie envahie par suite de cette criminelle faute. Voilà ce que nous avons fait. (Longs applaudissements à gauche.)

M. André (de la Charente). Quand on m'a interrompu en me disant : « Qu'est ce que vous avez fait ? » J'ai répondu : « J'ai voté les subsides pour la guerre, et parmi vous plusieurs ont fait de même, et j'ai cité M. Gambetta.

Quant à la question des préparatifs de guerre, l'histoire un jour dira quels sont ceux qui ont contribué à les empêcher. (Bruyantes réclamations à gauche. — (V. p. 65 et 66.))

Les chefs du parti de l'opposition voulaient abaisser à 80,000 hommes le chiffre du contingent, que nous faisions maintenir à 100,000.

En disant que vous aviez voté les subsides comme moi-même, je n'ai rien dit qui put éveiller vos susceptibilités.

M. Gambetta. *Vous avez altéré la verité*, je l'ai rétablie. (Très bien ! très bien !)

Bordeaux. Imprimerie G. Sranger, rue Porte Dijeaux, 91.

LE GRAND CRIME

Le grand crime de Napoléon III et de son Gouvernement.

C'est :

1° D'avoir substitué sa volonté à celle de la France, et d'avoir déclaré la guerre malgré la France ;

2° De l'avoir déclarée sans motif sérieux, sans nécessité, après avoir trompé la France par de fausses dépêches ;

3° De l'avoir déclarée sans être prêt ;

4° De n'avoir eu sous les armes qu'une armée de 250 *mille hommes*, alors que la France payait pour 600 *mille*.

5° D'avoir ainsi troublé pour plus de cent ans la paix européenne, en ravivant des haines internationales qui étaient près de s'éteindre.

Les prochaines élections sénatoriales vont révéler à l'Europe si ce legs est un bienfait, et s'il mérite récompense !

Bordeaux. — Imp. G. STENGER, rue Porte Dijeaux, 91.

www.ingramcontent.com/pod-product-compliance
Lightning Source LLC
LaVergne TN
LVHW020402230826
846091LV00003B/1117

* 9 7 8 2 0 1 3 3 6 4 3 6 2 *